葉士昇——

著

自主學習
成就解鎖

帶你找到最想學

打造獨有學習歷程

CHAPTER 1

摸索你的興趣

用對電子圖書館，大量閱讀，找到學習熱情

CHAPTER 2

探求你的知識

連結影音平台，進入線上課程，滿足個人化的學習

收斂你的資料

搭建主題架構，數位技能養成

擴充你的資源

6 大數位資源一次掌握，建立個人專屬資料庫

不用很厲害才開始，
要先開始才會很厲害

無限設計學院創辦人 | 六指淵 Huber

　　嗨，學生時期的你，我叫六指淵，是一個會做特效，又會程式設計的 YouTuber，已經在這個領域經營 6 年了，這完全是自學來的，而且我還致力於教育，創立 SIXVFX 特效教學網，與無限設計學院，讓更多人有機會自學，更輕鬆學會我所會的。現在在台灣講到特效就會想到六指淵，所以的確也滿常有粉絲或觀眾私訊來問我，他們的一些煩惱，不外乎就是如何進入這個領域，或是他對他的人生感到遲疑徬徨，不知道要往哪個方向發展。

　　但告訴大家一個小秘密，其實我以前要升高中時，我家人原本是要把我送去讀軍校的，因為在當時，我其實在校成績很差，完全沒有任何長才，也不知道自己該做什麼，家人的想法是，去讀軍校可以練體格還可以領國家的薪水，我無話可反駁。我也努

力嘗試過很多興趣，我喜歡藝術和音樂，但我心中也有聲音告訴我，這無法符合世俗眼中的「穩定收入」的期待，所以也感到很挫折，不過我還是有一顆想要證明自己的心。

在學時期，是個能讓你盡情試錯的大好時機

　　某一年的暑假，我因為想在外面打工被家人拒絕，我只能窩在家裡，我就在想有沒有什麼方法是我靠家裡的電腦就能賺錢的，當時智慧型手機問世，我嘗試把同學在下課時嬉戲打鬧的畫面帶回家剪輯，傳到臉書社團，我發現大家哈哈大笑，我也發現我能夠用影片去逗大家開心，就開始朝著剪輯之路努力耕耘，我學了多久呢？我每天自學 6 小時，持續整年，你說要不進步也很難。那為什麼我有這麼多時間？因為我還是「學生」，且我放棄了玩樂的時間，因為我找到了有意義的事去做，不要想說畢業後再找工作，再來煩惱，等到那時候你就沒有籌碼可以為自己選擇了，學生時期，你失敗了你也還只是個學生，但出社會後失敗，最慘是你可能失業，所以快尋找自己的專長吧，如果找不到，就什麼都去試，什麼都學。找不到最強的，就讓每件事情都一起強也不錯，成為一個跨領域全能人才，所以我現在才能達成，大學畢業即創業。

鼓勵大家讓興趣 = 工作

　　有一派人的想法是，不建議讓興趣變成工作，他們覺得這會澆熄你的熱情，你會開始討厭你的興趣，變成在交作業。但我的想法不同，你想想看你的人生是被「工作」、「興趣」、「睡覺」給占掉，當今天你的興趣可以同時賺錢，這會讓你把兩塊時間合併，可以驅動你將興趣更加進化，你原本可能只是玩玩而已，但當今天興趣可以賺錢，就有能量支持你更加投入，玩出一片天。所以我給的建議是，盡可能去嘗試，不要讓自己的興趣只有一種，你有一天會找到屬於你的方向。

給自己貼標籤

　　各位同學，自我介紹不要再說自己的興趣是「睡覺」了，大家都是客套的笑笑帶過，不妨為自己貼個標籤吧；「我喜歡漫威，我目標是拍出超級英雄特效片」、「我喜歡籃球，我之後希望能打進 NBA」、「我喜歡汽車，我以後要當全職賽車手」，可以大膽設想，就算被嘲笑也沒關係，因為會被嘲笑的夢想才有實現的價值，當你開始嘗試為自己貼標籤，公告大眾，你會發現全世界都會來幫你，因為大家都知道你想做什麼。各種機會、可能性都會自己找上你。

這本書能帶給你什麼？

感謝親子天下邀請讓我試閱，我看完覺得滿有意思的，讓我回憶起我過去自學時期的做法，其實滿像的，更好的是這本書把更多學習資源都收集起來，並教了你如何建構自己的學習系統，我相信不管你目前在什麼學習階段都會有所幫助。

最後送大家我的人生座右銘：「不用很厲害才開始，要先開始才會很厲害。」所以從現在開始，學你想學，學你將來想成為的人！

不斷學習，面對挑戰

宏碁集團創辦人 | 施振榮

　　本書作者葉老師是位熱心教師，並長期投入微學習的教育改革，也協助宏碁基金會推動培養學生數位素養的教育工作，此次將他過去推動「微學習」的經驗與大家分享，出版《自主學習成就解鎖》乙書，很榮幸能將本書推薦給大家。

　　自主學習十分重要，從我自己的經驗來看，即使至今我已76歲，仍不斷在自我學習。出了社會工作之後，要面對許多問題，許多都是未知或不曾遇過的新挑戰，要解決問題，就要藉由不斷學習，才能面對這些新的挑戰。

　　在學生時代，我對自己有興趣的事物我都會深入去學習，並在解決問題及完成任務的過程中建立起自己的信心。如同我母親期待我 ——「要做一個有用的人」。為了讓自己對社會更有用，

我也經常要去解決許多新領域的問題，為此，我就要透過自主學習去搞懂事情後，才能進一步有效解決問題。

知識是幫助我們了解問題進而解決問題的根據，葉老師在本書分享自主學習的重要性，為的就是讓大家藉由自主學習，學到更多知識，在搞懂問題後，進而可以有效解決問題。

現在的年輕朋友比起以前幸運很多，因為網際網路十分發達，讓大家很容易接觸到許多新的議題及新知識，也更了解許多新工具的應用。作者在本書也介紹如何利用數位網路工具，能更有效率來面對問題並解決問題。

透過本書，希望讀者們都能學習到自主學習的精神，並學習在網路上透過谷先生 (Google) 找到需要的資訊及知識，相信年輕朋友只要能善用數位工具，找到對的方法學習，定能掌握問題的核心，順利找到解決問題的方法，在此將本書推薦給各位讀者。

施振榮

一個用自主學習寫日記的人

社團法人瑩光教育協會理事長 | 藍偉瑩

　　認識士昇的人都會同意這件事，他不是寫自主學習或教自主學習的人，他是自主學習的實踐者。如果有幸成為士昇的臉書好友，就會發現他每天都用臉書記錄著自己的學習歷程，也分享著好用的工具、平台與相關訊息。這就是士昇，不只是自己努力實踐著，更幫助著更多的朋友與老師們一同展開學習。

　　士昇的學習從求學過程就能夠看出獨特之處，不走一般人的路，也跟著自己的興趣走，從五專機械科，大學社教系，到研究所的教育科技所，士昇具有理工的頭腦、人文的涵養，加上教育科技的工具力與行動力。這樣獨特的經歷與氣質，在他一開口就會讓人感到與眾不同。

　　我們的合作始於 106 年高中優質化計畫的兩場講座，那是第

一次針對 108 課綱自主學習所辦理的講座。講座中由士昇分享自主學習的資源、工具與呈現等，我則是談學校實務的規劃。後續，士昇的這套課程也在國立台灣科學教育館的跨域整合人才培育計畫中實施過兩年，讓學生在展開跨域探究之前，能夠掌握自主學習的資源與方式。這個過程中不僅學生獲益，也讓老師們大開眼界，我們雖然也有自己搜尋資訊與學習的方式，但能夠把相關資源做這麼有系統整合與運用的，我想士昇是那第一人。

士昇將自己自主學習過程曾經接觸的資源做了篩選，留下適合多數人的部分，包含了線上線下的虛實整合圖書資源、全球與台灣的重要線上學習課程、資料搜尋與整理工具、簡便快速的自主學習技巧，讓大家可以用最簡單與省錢的方式，快速與世界連結並獲取最新的資訊。同時，他也以自己的經驗輔以入校授課的實戰體驗，提供大家如何擬定合宜的自主學習計畫，以及時間管理技巧。

士昇不僅僅是以這本書記錄他多年來的經驗與體會，他更將書中的各個細節錄製成 YouTube 短片和 Podcast 音訊，讓大家可以隨著他的操作與說明，自己邊看邊操作，不會因為不熟悉書中

所提及的資源而感到困難或退卻。這樣的動作不是因為這本書才開始的，早在幾年前士昇就已經慷慨地分享著自己自主學習的成果，這也是他想要傳達與傳播的自主學習意義，只有透過線上的「累積」、「組織」與「呈現」，便能夠完成線上全時段的佈展，讓更多的人不受時空限制，能夠持續對話與討論。

這絕不是一本工具書而已，是一本真正實現過的自主學習實務。雖然一本書不可能寫完所有自主學習的內涵，但這絕對能夠成為學生、家長或是教師掌握自主學習重要方式與思維的書。這本書同時也是士昇對於教育的詮釋與行動，幫助大家能夠更快速地陪伴著我們的孩子與學生，準備面對未來挑戰的能力。

開啟自主學習的金鑰匙

彰化縣原斗國小教師 | 林怡辰

這個時代是自主學習最好的時代,也是最壞的時代。只要你對任何一項有興趣、想探索,都可以在浩瀚資訊知識海中,找出自己所需的金礦,不斷往追求夢想的路途前進。

但,這也是一個最壞的時代,如果孩子不了解自己、不懂得怎麼找出探索,很容易在聲光享受中迷失、浪費,在一部部影像中沉溺、迷路。更容易在雜亂紛雜的資訊海浮浮沉沉,看不見未來的道路。

而葉士昇老師的這本書《自主學習成就解鎖》,就是一把自主學習的金鑰匙。從電子圖書館浩瀚的資源開始,偏鄉市區都有一樣的起始點,藉由電子書的無場域、無限制的雜誌書籍揭幕、探索、借閱實作……書裡一步步帶著讀者打開潘朵拉的秘密寶

盒。我一邊翻頁一邊讀得汗涔涔，試想，課堂上、家裡，如果師長們提點帶領，讓孩子接觸電子圖書館，一段時間之後，和完全不知道的孩子，會有多麼大的鴻溝差距？真的是無法想像！

而閱讀文字有困難的孩子，這個時代完全不是問題，葉老師在影音平台著墨，只要跟著第二章前進，不僅臺灣大學、更可以跟著國際課程前進，姑且不論推薦大學等家長注重的問題，可以超越時空，向一流頂尖的學者學習、找到可以共進的夥伴，探求知識力量、改善自己和他人生活，含金量高的內容，實在令我一邊讀一邊熱血沸騰。

接著，漫天資料，最後還是要回到自己身上，整理、處理、提煉出自己的知識地圖，輸入也要輸出，加上數位資源擴充，人脈連結，最新最重要的訊息，等到書籍印出都已經太慢了，但藉由一些技巧，還能將重要訊息自動送到自己手中，隨時更新，只要有這本書的鑰匙，跟著實踐，很難不成為那個領域的專家。

接著，整合自己的自主學習計畫，凡事豫則立，加上管理進度的好工具，夢想計畫唾手可及，手到擒來。

我本身是在國小教學現場十幾年的資深教師，也到過新加坡等國分享，當我在小學端看見孩子可以因為自主學習計畫而眼中有光，遇到困難依舊努力不懈前進，最終成為班上某個方面的專家，嘗到學習樂趣和成就感，對孩子來說，就是最好的禮物。試想，如果全國孩子眼中都有光，那是多麼令人感動的畫面！

　　相識葉老師也多年，每每從他的分享都能帶來豐沛的能量，看見前方的方向，葉老師分享的方法也都可以在小學課堂上實施，造就孩子許多自主學習的經驗。這本書實在企盼已久，讀過之後，覺得國小、國中、高中等，甚至大學或是成人，一輩子終身學習，這本書也可以少去許多冤枉路，在巨人肩上看世界。

　　誠心希望，在茫茫資訊海裡，你我都能拒絕成為資訊文盲，用網路資源、自主學習和這本《自主學習成就解鎖》做為自主學習的「金」鑰匙，幫自己和孩子，開出一條亮燦燦的學習大道！

自主學習是誰的事？

高雄市政府教育局課程督學 | 廖俞雲

還是我們應該這樣問：學習是誰的事？

是老師的事嗎？

是家長的事嗎？

還是國家的事？

還是，其實學習根本就是自己的事？

這件事情可以分兩個層次來談，如果要教會學生如何學習，當然是我們大人的事；若已經具備了學習的能力，那麼學習真的就是自己的事了！

如果教會學生如何學習是我們的事，為什麼新課綱還要特別強調自主學習呢？因為我們發現，日新月異、瞬息萬變的數位科技已經深切影響到我們的生活與學習，學校裡的知識已經無法負

載變動快速的世界，而且每個學生的學習需求不盡相同，要達到「至聖先師」有教無類、因材施教的教育理想目標，恐怕依賴的不是知識、內容而是學習的方法。

身為一個高中國文老師，常常浮沈在浩瀚的書海中，貪心的想擷取所有的文字，卻總是從時間的洪流當中被沖散，或是置身龐大的資訊量中而迷失了方向。在數位學習領域我可能是個山頂洞人，直到這一年遇到了士昇老師，他手把手地帶著我們，用一個帳號，自如的穿梭在各個資料庫、大學講堂及公共圖書資源當中，我才驚訝的發現，我 44 年來的學習取徑是多麼的單一狹隘，我可能錯過了以很輕鬆的方式就能聽到一整集的紅樓夢，也錯過了在 TED 上充滿教育哲思的演講，更錯過了大量訂閱的系統……。這麼多的錯過，不應該再發生在正要快速起步的學生身上，青出於藍不會是偶然，必須是個必然。

這一年來看著士昇、百鴻兩位為了讓學習沒有城鄉差距，維持基本的學習正義，不斷地放生思考在辦公室裡解構著所有的課程，然後再不怕累的找學校去實作，回來之後再修訂，不斷地反

覆回饋，錄製成線上影片，為的就是確認這樣的學習模式每個孩子都能夠沒有差異性的取得，落實自主學習的真義。

身為他們兩位的夥伴，士昇老師的學生，我深深地引以為榮，也期待有更多的讀者能夠因為這本書而受益。

因為，學習本來就是自己的事！能自主掌握學習的方向，才是新時代的領袖最重要的特質。

按圖索驥，必有所成～ Just do it ！

推薦序

以科技為輔，
建構孩子的終身學習力

高雄市政府教育局課程督學｜林百鴻

　　第一次認識葉士昇老師，是在一場大型演講場合，當時被他所分享的大量數位資源所震撼。

　　這一波新課綱的推動過程中，自主學習是全新的教育與學習模式，短期來看，讓學生有機會掌握自己的學習，長期來說，是終身學習重要的能力。不過這種學習方式在過往的教育體制中較少被使用，所以當自主學習在高中、職要開始實踐時，引發教學現場不小的焦慮，老師們不知道該如何引導學生自主學習、學生也不知道自己該怎麼進行自主學習、學校亦不清楚該如何滿足學生自主學習的需求；就在這個關鍵的時刻，士昇老師加入團隊，我知道高雄自主學習的發展即將開啟新的一頁。

於是，士昇老師開始發展增能課程、錄製線上教學影片，為的是提供更多教育的可能。

用豐富的數位資源接軌未來

士昇老師的求學經歷，除了讓他涉獵廣泛，變成一位標準的「斜槓青年」之外，本身就是自主學習者的角色，更讓他清楚學習資源可以在哪裡獲得，為了打破實體資源在空間和時間上的限制，他利用數位資源廣泛、快速的優勢，讓學習者能夠從大量的數位資源中找到自己的興趣和性向，進一步搭建適合的主題，擴充自己的學習能量。

為了讓更多的老師和同學能夠架構自主學習的藍圖並獲取適合的資源，士昇老師辦理一場場教師研習，並將課程帶進各種不同學習環境的教室，對學生進行指導，當開啟網路資源的鑰匙交給學生，學生查找資料專注的眼神，夾帶著驚訝的讚嘆聲，說明孩子更寬廣的視野已經被打開，自主學習已然在高中課堂中實踐。更令我敬佩的是，每一場研習或是入班授課結束後，士昇老師都會針對學習者的反饋進行調整，只因為他認為這是個責任，

一個可以推動台灣教育，接軌未來的重要使命。

　　清晰的脈絡和豐富的數位資源，不是一堂課就可以看得完、學得盡，所以，這本書就在大家的期待當中問世。

　　很榮幸可以在新書上市之前，拜讀士昇老師的大作，每一次接觸都會有新的收穫和啟發，這本書讓教育現場的每一個角色都能有所精進，非常適合還在自主學習上找不到方向和資源的你。

好評推薦

　　士昇經常與我分享他的學習經驗，以及他獲取、整理知識的方法，我直覺應該有機會為 108 課綱，創造不一樣的自主學習風景，於是我拉著在國小服務的士昇，與高雄市高中職的夥伴們一起工作，效益也遠大於我當初的想像。孩子有無限的可能，如何打開他們的五感，透過科技方法與工具去閱讀世界，我找到了適合的導師 ── 士昇，而這導師也讓許多參與培訓的老師們，重新疏通了自我學習的渠道。這本書能讓許多沒有辦法參加士昇課程的老師及學生，也有機會建立起有系統、有廣度、一輩子受用的自主學習方法。如果你想暢遊在寬闊知識領域裡（年齡不拘），這也是本值得你擁有的啟蒙好書。

高雄市政府教育局副局長｜陳佩汝

　　極力推薦士昇老師的《自主學習成就解鎖》這本書，它不但有系統地介紹各類資訊平台，如電子圖書館、影音平台等，也提到 TED、OCW 等線上課程，並讓大家知道 Coursera、ewant 和 edX 等線上教學平台；書中也以圖示一步一步引導大家學習如何學習，學生可以透過電腦、平板、手機 App 進行閱讀，最後更可以系統的建立個人專屬資料庫，完成相關報告。這本書對於學生進行自主學習時，將會是一本非常有幫助的工具書。

高雄市林園高中校長｜黃碧惠

這本書，
就像我自己學習歷程的縮影！

　　人生不用是一條路直達的高速單行道，可以先到達某處、然後靜止，再回來繼續的轉折，這些轉折讓我看到人生不同的風景，確定自己的喜好，成就了今天的我。

　　我的求學路途不是很順利，走得七彎八拐的才走到了我心嚮往之處。但是以往我在升學路上所遭遇的前途考量與惶惑，也依然存在現在的學子身上，也許你的學習之路，剛好也處於選擇所愛與順從社會氣氛或師長期待的兩難景況中；也許你正在自主學習探索的過程中惶惶然。

　　我想對你說，不用擔心，只要抬起頭、挺起胸，接受它便是。透過這本書，我想幫你發現自己，找到有熱情也想學的主題，並循序漸進的建立起你個人獨特的學習軌跡。

找到熱情也想學，永遠不遲

　　只要願意學習，永遠不用擔心太遲。和年輕的各位比起來，第一次為自己的學習選擇時，我已經 24 歲了。當完兵、補完習，報考大學聯考後，第一次聽從自己內心的聲音，選了第一類組（文法商），最後錄取屏東師範學院（現在屏東大學）社教系，也正式從工科轉向文科。

　　這樣的轉向也需要一點勇氣，因為國中畢業我沒考上學校，補習一年後，終於有機會可以選擇學校。其實我當時很想就讀文藻語專，但社會風氣比較鼓勵男孩子念理工，因此懵懵懂懂地進了工專的機械科，卻發現格格不入，雖然讀得很沒有興趣，卻因為學制轉換的不自由，又缺乏跳脫體制的勇氣，還是硬著頭皮讀完了。

　　繞了一點遠路後，職涯起步自然比同齡的同學來得晚，但沿路的風景卻成了我人生中最需要的養分，也更加確定自己想要什麼。進了大學後，知識飢渴的我就像一塊海綿一樣不斷的學習。參與過我的演講、工作坊的人應該都能感受到，我對於圖書館數位資源推廣的熱情就如同傳教士般。

因為大學的圖書館如同我自主學習的啟蒙老師，也是我的聖殿，與它初次的相遇就讓我深深的著迷。在工專時代，學校的圖書室只是 K 書的地方。到了大學後，圖書館「早八晚十」長達十四個小時的開館時間、舒服的沙發與小型研究室，以及豐富的館藏總會讓我流連忘返。想閱讀的書籍在館內找不到時，可以寫建議採購清單；要研究的資料館藏沒有，也能透過圖書館之間的館際合作取得，對於自主學習者來說，大概就是人間的天堂吧！

只要願意學，隨處都是教室

切入數位資源的應用則是因為某次偶然的機緣，有一次我發現竟然可以透過圖書館 OPAC（全稱 Online Public Access Catalogue，圖書館聯機目錄）系統連結至國外大學圖書館，轉眼間取得大量的一手資料，這個經驗也讓系上老師嘖嘖稱奇，甚至以此為基礎進行研究，剎那間我深深感受到網路無遠弗屆的神奇，也讓當時的我認定網際網路領域的研究將會是很棒的學習投資。所以即便我讀的是社教系，藉由圖書館的完善服務，伺服器架設、網際網路這類跟社會科學沒有太大關係的書籍，也在我的閱讀清單。

加上大學老師不像專科老師緊迫盯人，所以在課堂上，教科書的下方也常夾帶著網路相關書籍，反正進大學後，多數的書是自己念的，不需太依賴老師，也就一頭栽進資訊科技研究至今。

　　正因為自己享用了許多數位資源的美好，所以在我二十多年的教師生涯中，除了擔任各縣市資訊融入教學的研習講師外，也積極推動台灣公共圖書館的數位資源利用。因為我不僅喜歡在數位的世界裡挖寶，更喜歡雞婆地把挖到的寶藏分享給更多人。

　　社教系背景的薰陶，在我心中數位科技的真實面貌，除了技術面向，更多的是「翻轉實體資源不足，改善生活品質」的可能性，這樣的想法我也具體在高雄市教育局資訊教育中心「微學習」站台的擘劃中實踐，以大量的教學影片，輔以 Step by Step 的操作指引，協助大家使用唾手可得的網路服務。

　　我相信，學生一旦有能力駕馭網路資源，破除了時空的藩籬，不但能快速與世界接軌，更能觸及全球一流的教育資源，為教育開展更多的可能，教育資源匱乏的孩子，也能鬆脫實體資源的綑

綁。只要你願意學，隨處都是教室，只要你跨出第一步，開始探索取之不盡用之不竭的數位學習資源，你的老師會是來自世界各地、各領域的專家。

小學生都教得會，你們絕對沒問題

因著熟稔圖書館的數位資源，我受邀為 108 課綱的「自主學習」課程分享數位資源應用，也誤打誤撞研發出一套自主學習課程，然而，身為一個小學老師所設計的高中課程，真的能應用在高中真實的課堂上嗎？

雖然幾場以高中老師為對象的工作坊所引發的迴響加添了我的信心，但高中老師的疑慮我也真實的感受到了：這樣的架構學生可以學嗎？從社區高中到升學高中，會不會需要一定資質的孩子才學得會呢？

這些問題的答案我也很想知道！於是這一年來，我以高雄市教育局國教輔導團高中團「自主學習專案支援教師」的身分，入班實踐自己所研發的自主學習課程，足跡遍及社區高中、技高，

也走進第一志願的高中，學生的自主學習成果，以及經由自主學習課程洗禮後的改變，往往令老師們驚艷！

透過入班的陪伴與引導，學生能在十分鐘內取得海量的數位閱讀資源，經由大量閱讀的歷程，當學生開始寫下兩本願意持續閱讀的雜誌，並挑選有興趣閱讀的文章時，我覺得學生已經能直視自己的內在，與之對話。

如果要進一步發展熱情想學的學習主題，擷取關鍵字是必要的技能，透過入班引導，學生不但學得會，更能持續透過線上課程探索學術性向，並建立獨特的資訊來源，為自己接下來所欲發展的專業做好準備。

學生的學習反饋，讓我看到他們正為自己打開一扇通往世界的窗。以小學老師進入高中課程的信心，也就在一次次入班陪伴的歷程中逐漸增長，「只要你願意好好學，相信我，我連小學生都可以教會，教會你們絕對沒問題！」成了我經常勉勵社區高中學生的話語。小學老師的身分，此刻帶給孩子莫大的安定力量。

讓學習與生活充滿驚奇與發現

數位學習資源不偏待任何人，無論市區、離島，學習起點都是公平的，數位落差並不存在。若真要區分差異，唯有對數位工具的掌握度，其餘的即是學習個體的差異：學習者的心態能否不斷湧流出對世界的好奇。

不只學習，數位資源的應用也能豐富你的生活。身為數位科技與網路的重度使用者，我長時間與網路為伍，但我並不想成為一個只活在數位世界裡的宅男。科技是取得知識的渠道，更能擴增生活的寬度與廣度，同時是幫助自己找到興趣的支點。

我喜歡設計，也是日本新銳設計大師佐藤大的粉絲，追蹤網路相關訊息、閱讀設計類電子雜誌，我可以知道他的作品來台展覽的時間。看展前，透過微型的網路資料策展更深入的了解佐藤大的設計理念及來台展品的故事，在展場志工分身乏術時，也能主動提供協助，帶參觀者認識佐藤大為電子公司 Elecom 設計的滑鼠，猶記當時現場志工的驚奇，一個路人怎麼能如此熟悉佐藤大的作品，還有辦法完整介紹。

與家人的背包旅行，靠著網路搜尋與科技的協助，我們一家人得以在泰國找到當地人的私房景點而放鬆渡假，也在日本尋得流水細麵，就著潺潺山澗的清涼，除掉炎熱的暑氣。喜歡烹飪，網路上更是高手如雲，跟著影片一步步烹煮出自己鍾情的滋味。家裡馬桶壞了，就算是找不到水電師傅的除夕夜，跟著網路上厲害的水電師傅影片實作，也能三兩下就協助我把家裡堵塞的馬桶處理得順暢無阻，這難道不也是一種自主學習嗎？

　　想讓學習與生活充滿更多的驚奇與發現嗎？或許可以從這本書開始，我會手把手的帶領你使用數位科技，協助你擁有更好的學習、更少的學習限制。等到我們真正能駕馭數位科技，與實體應用相輔相成，我相信，我們學習與生活的面貌將更為精采、豐饒，也出現更多的可能，這也是我衷心期盼的。

CHAPTER

1

摸索你的興趣

用對電子圖書館，
大量閱讀，找到學習熱情

自主學習任務

任務一：前往北市圖網站，線上辦理借閱證。

任務二：瀏覽、搜尋、借閱北市圖的電子書或電子雜誌。

任務三：下載安裝 HyRead 應用程式來離線閱讀。

◉ 在大量閱讀之前

在進行大量閱讀之前，請先確認心目中有沒有想就讀的大學科系，如果沒有，就更要加強使用每週的自主學習「空堂」時間來探索自己。由於國中階段多半為了專心準備考試，而沒有多餘時間閱讀教科書以外的書籍與雜誌，此時，可以透過大量閱讀，好好探索未來想發展的方向，也能避免只是依據成績，就隨便挑選一個沒有興趣的大學科系就讀，平白浪費時間和許多資源。

那麼你可能會問：為什麼需要大量閱讀？以及大量閱讀要讀些什麼？

可以參看以下兩段知名建築師姚仁祿的演講影片，來回答這些問題：

 閱讀培養直覺力
姚仁祿談閱讀經歷與啟發

 閱讀從「興趣」開始
姚仁祿談閱讀的方法

透過這兩段影片可以了解到，廣泛閱讀可以奠定知識的基礎，營造跨域及創造思考的可能。而從興趣切入的閱讀，並不會因為閱讀領域的限定，而使得知識範圍愈來愈窄，相反的，會因為從閱讀中認識到自己的不足，一方面增加閱讀動機，另一方面自然而然的往相關的應用知識

擴散，最後仍能到達相同的終點。

「選擇自己喜歡的議題閱讀，與自主學習有關嗎？」

當然有！除了找出自己喜歡的議題，接下來還必須找出自己喜歡的 2～3 種雜誌，並且在雜誌中找出 2～3 篇有興趣的文章，同時在文章中找出關鍵字，日後便可以延伸為自主學習的主題；透過關鍵字，無形間可幫助自己慢慢掌握住興趣，並以此為基礎，再透過網路上廣泛蒐集的相關資料，擴充自己的核心知識。

特別是還不知道自己想讀什麼科系，從零開始的話，我會建議先從北市圖的 200 多種雜誌中，找出自己喜歡的 2 種雜誌，並且跟同學分享，可以分享這 2 種雜誌報導的主題是什麼？你最喜歡的報導文章有哪些？看完後對哪些小主題特別有興趣呢？從這些分享裡，可以找到發展成自主學習主題的關鍵字。也可以說說有哪些專家？哪些特殊名詞？哪些現象？當你分享完一遍後，再參考本章接下來的方法重新尋找一遍，並且寫下你的關鍵字。

除了選擇自己喜歡的雜誌之外，我也建議可以多閱讀一些商業雜誌，因為其中有幾個特性十分適合作為自行閱讀及相互討論的素材：

簡短：文章通常不長，會用兩頁左右介紹一個主題，對於不擅長或是不耐煩閱讀大堆頭文字的人來說，這是個很好的切入工具。

脈絡：雜誌文章通常會交代前因及後果，可以幫助觀看事物時，不要只看到現存的表象，而是要思考前因，也要預期後果。

圖表：閱讀圖表已經是未來公民必須具備的能力之一。雜誌報導多會適時的使用圖表，學習清楚掌握圖表使用情境，為自己將來陳述類似事件的圖表製作提供參考。

多元：商業雜誌的議題十分多元，經濟、政治、環保、教育……等等，無所不包，透過多元閱讀可以拓寬視野。

多向：雜誌為平衡報導，一篇文章經常呈現多種觀點。在目前高中教育所提供的文本中，少見這類的文本。想要鍛鍊批判性思考、換位思考及多面向觀點能力，那麼就必須適當補充觀點多元的文本，再來就要適當轉換成「說」和「寫」，日漸養成多元觀點表述的能力。

北市圖的優勢

在這邁向自主學習的第一步，我很推薦使用台北市的公共圖書館，也就是台北市立圖書館（簡稱北市圖）。你或許會問：「為什麼是台北市立圖書館？我們縣市裡的圖書館不行嗎？」

是的，確實一定要北市圖才行！因為北市圖目前的數位閱讀館藏，是全台灣各公立圖書館最豐富的，再加上台北市身為台灣首都的魄力：

「將圖書館館藏開放給全國民眾，只要線上辦證就可以使用。」如此便利的特點，消弭了城鄉資源的差距，讓閱讀不受地理位置與時間的限制；不用擔心所居住的地方可能很偏僻，或是離大型圖書館和書店有點距離，北市圖的電子圖書館有 200 多種雜誌，閱讀的議題面向多元，適合每個人去找出自己喜歡的議題開始閱讀，也不會增加太多消費支出。當然一些國立圖書館也可以線上辦證，不過認證程序比較麻煩，還要身分證件才可以開通。

如果你覺得還可以多擴充一些數位閱讀資源，也可以自行線上申請，或是透過學校以團體方式，申請「國立公共資訊圖書館」的借書證。另外，台灣各縣市公立圖書館幾乎都提供「臨櫃辦理借書證即可使用該縣市數位資源」的規定，各縣市數位館藏不一，如果能擁有比較多的帳號，就可以讓閱讀涵蓋層面更廣，所以可趁著到六都旅遊時，臨櫃辦理一下借書證，讓自己的數位閱讀資源可以更加豐富。

進入北市圖
電子圖書館

　　北市圖的電子書供應商有很多家，不過因為每一家都有不同的使用方式，再加上內容品質參差不齊，所以我僅介紹最有代表性的凌網科技(HyRead)。這家數位出版品供應商提供的數位出版品很多，目前有各類雜誌共 200 多種，加上 6 萬多本電子書，而且更新速度快、系統穩定，同時支援行動載具，具備可以直接觀看的 HTML5 格式。

　　另外，凌網科技還提供了最為重要的「離線觀看」模式，這個對於網路品質不穩定、網路速度不快，或是經常必須處在沒有網路狀態的使用者來說，幫助相當大。例如，我以往出國時，經常隨身攜帶 iPad，要讀讀台灣最新的電子雜誌時，就找一下所在處的無線網路熱點，把電子雜誌下載在 iPad 中，這樣即使在旅途中沒有辦法連上網路，照樣可以讀得很開心啊！（ChromeBook 請安裝 Android App 才能離線觀看，至於 Mac 在 Mac OS 下還沒有對應的閱讀程式，所以建議加裝 windows 系統觀看。）

　　接下來，我們就開始來實際操作，練習借閱電子書吧！

正確進入「HyRead ebook 臺北市立圖書館」

　　全台灣多數公共圖書館電子書資源的主要供應商幾乎都是凌網，因此大多數的縣市都建置了十分相像的專頁，容易讓人走錯地方，常會出現你輸入了正確的帳號密碼後，卻進不去網頁的窘境。所以，當你要使用北市圖的閱讀資源時，請認明你該去的網站應該是「HyRead ebook 臺北市立圖書館」喔！也務必檢查一下網址是否為 https://tpml.ebook.HyRead.com.tw/。

閱讀「說明」網頁，了解電子圖書館功能

　　進入網站首頁後，請在頂端找到「說明」的圖示，並使用下拉式選單，你可以看到有關「借閱規則」、「使用手冊」與「FAQ 常見問題」的選項。一般來說，只需要看完我解說的步驟就可以掌握基本的操作，但建議你如果有時間的話，可完整看一下「說明」，因為這些內容讀完

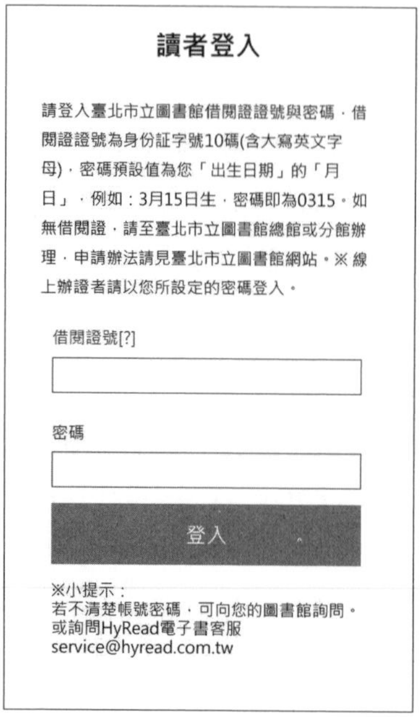

讀者登入

請登入臺北市立圖書館借閱證號與密碼，借閱證證號為身份証字號10碼(含大寫英文字母)，密碼預設值為您「出生日期」的「月日」，例如：3月15日生，密碼即為0315。如無借閱證，請至臺北市立圖書館總館或分館辦理，申請辦法請見臺北市立圖書館網站。※線上辦證者請以您所設定的密碼登入。

借閱證號[?]

密碼

登入

※小提示：
若不清楚帳號密碼，可向您的圖書館詢問。
或詢問HyRead電子書客服
service@hyread.com.tw

之後，除了可以發現很多其他有趣功能，還可以少掉很多問題。

STEP 3

登入電子圖書館

點選「說明」左方的「登入」圖示，會看到輸入帳號密碼的畫面，請在此輸入申辦完成的北市圖借書證帳號及密碼。到了這裡要注意的是，切勿輸入出生年月日當成密碼，此處要輸入應是「辦證時設定的密碼」哦。輸入完成後，請點選「登入」。

STEP 4

確認登入

順利登入時，在「書房」圖示的左側會出現你的身分證字號，並且用「＊」遮蔽掉部分數字。

Hi~e*2*0*3*2*您好！登出　書房　App下載　說明　語言

中文電子書庫
圖書館
LIBRARY

電子書　　電子雜誌

STEP 1

進入北市圖線上辦證頁面

北市圖網站上的線上辦證入口不易辨識，建議你直接輸入 https://
book.tpml.edu.tw/webpac/registration.jsp 這個網址進入。

STEP 2

在正式辦證前的注意事項

① 先在「查詢線上辦證狀況」的選單輸入身分證字號，確認以前
沒有辦過證。如果以前辦過證又忘記密碼，可能就得跑一趟台北
臨櫃辦理了。

② 確認先前沒辦過，就請在「本人已詳閱並同意上述個人資料使
用相關內容。」的欄位打勾，再點選「確定」。

三、個人資料利用之期間、對象、地區及方式：
1. 期間： 個人資料蒐集之特定目的存續期間或本府依相關法令或契約約定執行 業務所必須之保存期間。
2. 對象： 本府所屬機關(含所屬機關(構)、學校暨臺北大眾捷運股份有限公 司)、本府業務委外機構及與本府有業務往來之機構
(包括但不限於悠遊卡股 份有限公司)。
3. 地區： 本府所屬機關所在地、本府業務委外機構所在地、與本府有業務往來 之機構所在地。
4. 方式： 用於提供單一識別服務， 並使用於本府各市政服務及統計研究分析， 包含您授權存取之第三方網站或應用程式的
要求， 將個人資料提供予該服 務機關。
四、 申辦單一識別服務會員(以下簡稱本服務會員)亦將作為本府所屬機關(含所屬機關(構)、學校暨臺北大眾捷運股份有限公司)
提供服務之身分， 當您選擇以服務會員存取臺北市政府各式服務時，
即表示您接受並同意由各服務機關依其服務所需， 存取您在服務會員的個人資料。如您未於申辦服務會員填寫該服務所需的個
人資料時， 可能無法完整使用該項服務。
五、 您得隨時於「個人資料」功能中查閱、補充、更正您的個人資料(修改姓名者須向本府提出申請)， 如欲刪除帳號或行使個
人資料保護法第3條的其他權利(請求製給複製本、請求停止蒐集或處理或利用等)，請洽(02)27208889#8585。
您得自由選擇是否提供個人資料， 但如所提供之資料不正確或不完整， 可能無法獲得您所需的服務。
② ☐ 本人已詳閱並同意上述個人資料使用相關內容。
確定　　回上一頁
證號： 身分證字號 ∨ ［　　　　　］ 查詢線上辦證狀況 ①
讀者於線上辦證後，即可於 本館電子資源整合查詢系統

STEP **3**

填寫個人資料

進入辦證畫面後，所有標示「＊」號的欄位都要填寫資料，而且
一定要確保其中兩個欄位的資料絕對不能有誤：一個是身分證字
號，作為身分識別用，另外一個是電子郵件，用來通知預約書到
館可借閱，而當你忘記密碼時，也可以透過電子郵件找回來。填
完所有資料後，按下「確定」鍵就完成這個步驟了。

辦證類型	◉ 個人證 ○ 家庭證
＊證號	[身分證字號 ▾] [＿＿＿＿＿] [讀者證號是否辦過]
＊密碼	[＿＿＿＿＿] 1.密碼長度至少8碼 2.密碼需包含英文字母與數字之組合，不可使用中文字、特殊符號、全形文字等其他字元 3.為維護您的資訊安全，建議每6個月修改1次密碼 4.請不要使用您的生日或身分證字號資料當作是您的密碼
＊確認密碼	[＿＿＿＿＿]
＊姓名	姓 [＿＿＿] 名 [＿＿＿＿]
＊性別	◉女 ○男
＊生日	[2020 ▾] / [1 ▾] / [1 ▾]
＊職業	◉ 農漁礦牧 ○ 服務業 ○ 學生 ○ 自由業 ○ 商 ○ 工 ○ 教 ○ 軍公 ○ 兒童 ○ 其他
＊學歷	◉ 小學以下 ○ 小學 ○ 國中 ○ 高中(職) ○ 大學(專) ○ 研究所以上 ○ 其他
通訊地址	[＿＿] [臺北市 ▾] [請選擇 ▾] [＿＿＿＿＿＿＿＿]
通訊電話	宅 [＿＿＿＿＿] 公 [＿＿＿＿＿]
＊戶籍地址	□ 同通訊地址 [＿＿] [臺北市 ▾] [請選擇 ▾] [＿＿＿＿＿＿＿＿]
戶籍電話	[＿＿＿＿＿] 戶籍電話及手機請至少輸入一個
電子信箱	[＿＿＿＿＿＿＿＿] 請盡量填寫電子郵件以利本館通知相關訊息
行動電話	[＿＿＿＿＿]
結合新北市圖借閱證	[否 ▾] □本人已詳閱並同意個資同意書
結合基隆市公共圖書館	[否 ▾] □本人已詳閱並同意個資同意書
請輸入驗證碼：	**969249** [＿＿＿] 如果驗證碼輸入正確卻顯示錯誤，請刪除快取檔案和cookie後再輸入一次

[確定] [回上一頁]

STEP **4**

確認申請證號

　　填完個人資料，按下「確定」鍵，會出現以下的畫面，請確認你

申請的證號，是否跟你的身分證字號相同，如果確認沒有錯的話，

就可以再次按下「確定」鍵。

STEP **5**

完成！抄記密碼並妥善保管

　　在確認申請證號之後，會出現以下畫面，主要在說明：如果你只

需要使用電子圖書館的資源，可以不用臨櫃辦理實體借書證。你

可以直接點選右上角的「關閉」，到這裡我們就辦好證囉！請抄

記你的密碼並妥善保管，因為接下來你應該會很常用到它，萬一

忘掉就麻煩了。

臺北市立圖書館讀者辦理台北通（前身臺北卡）－圖書借閱證個人資料維護聲明　　　　　關閉(Close

個人借閱證：請持國民身分證或駕駛執照，尚未領有國民身分證的民眾請持戶口名簿或三個月內有效之戶籍謄
(以上證件擇一即可且須為正本)，並自備悠遊卡辦理。
家庭借閱證：請持設籍臺北市之戶口名簿或三個月內有效之戶籍謄本。
依本館借閱證申請規則，讀者可委託親友前來領證，代理人得出具委託書並檢具申請人暨代理人身分證明文
正本；而持雙方證件正本，能證明為直系親屬或配偶者，得免出具委託書，詳細借閱證申請方式敬請參考本館
閱覽規定。
讀者於線上辦證後，即可使用本館各項電子資源，若需外借圖書或進行線上預約，則必須持有效證件臨櫃經館
核對資料後，才可使用相關服務。
讀者申辦「超商借書服務」會員，倘若尚未辦理實體閱證且不便親臨本館，建議可透過超商借書服務劃撥繳
上傳檔案頁面上傳個人證件照片或掃描檔，經完成繳交保證金新臺幣200元，本館將在檢核無誤後儘速開通讀
的「超商借書服務」會員使用權限。

◉ 隨意探索，
打開閱讀眼

　　這個階段的閱讀，要盡量把自己的閱讀眼打開，隨意的四處看看，在其中發現自己覺得「有趣的議題」。等到閱讀量一擴大，自然會發現比較偏愛哪一類的閱讀內容，那就是可以繼續發展的方向。可以透過以下方式作為開始。

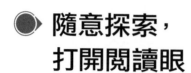

人文社會	文學小說	語言學習	財經商管
➤ 歷史	➤ 中文古典文學	➤ 英文學習	➤ 國際市場趨勢
➤ 地理	➤ 中文現代文學	➤ 日文學習	➤ 財經金融稅務
➤ 哲學	➤ 日本文學	➤ 韓文學習	➤ 投資理財保險
➤ 經典古籍	➤ 歐美文學	➤ 歐洲語言	➤ 企業管理創業
➤ 人物傳記	➤ 世界文學	➤ 中文學習	➤ 廣告行銷公關
➤ 文化風俗人類	➤ 青少年文學	➤ 其他語言	➤ 生涯規劃
➤ 圖書資訊	➤ 推理驚悚小說	➤ 英文檢定	➤ 人際溝通
➤ 社會學	➤ 科幻奇幻小說	➤ 日語檢定	
➤ 法律	➤ 武俠小說	➤ 語言學	
➤ 政治	➤ 歷史小說	➤ 翻譯寫作	
➤ 教育	➤ 詩詞		
➤ 大眾傳播	➤ 散文		
	➤ 文學評論		
宗教心靈	醫藥養生	藝術設計	休閒生活

電子書

臺北好讀 電子書　臺北市立圖書館 TAIPEI PUBLIC LIBRARY

　　首先我們來看看電子書，只要把滑鼠移到「電子書」的按鈕上，就可以看到眾多類別，你可以開始從中尋找你會想閱讀的書籍。

舉例來說，我可能對程式設計有興趣，我就可以選擇「程式設計」這個類別，看看他們提供了哪些電子書。

點選「程式設計」類別後，我們會看到相當大量的電子書可供借閱，可發現這個類別似乎很夯，所以系統也會預設「熱門程度」來排列書籍出現的順序。你也可以藉此了解一下在這個類別內，多數人喜歡的是哪些內容。

電子雜誌

財經商管

新聞新知

數位資訊

語言學習

親子教育

生活居家

旅遊行腳

時尚風格

影視娛樂

知識專業

人文藝術

休閒運動

除了電子書有眾多類別，電子雜誌也有所區分，同樣的也是把滑鼠移到「電子雜誌」按鈕上，即可以看到分類名稱。

我們可以選擇其中一個類別，點選進去看有哪些雜誌，例如，我們選擇「財經商管」這個類別，你會發現這個類別的數位雜誌相當多，如果你感興趣的方向比較偏重社會議題，也可以進一步在這裡找到一些不錯的雜誌來激發你的靈感。

財經商管

今周刊
最新發刊:2020-08-10
雜誌類型:周刊
🔔已訂閱通知

先探投資週刊
最新發刊:2020-08-07
雜誌類型:周刊
🔔新刊上架通知

理財周刊
最新發刊:2020-08-07
雜誌類型:周刊
🔔新刊上架通知

財訊雙週刊
最新發刊:2020-08-06
雜誌類型:雙周刊
🔔新刊上架通知

大師輕鬆讀
最新發刊:2020-08-05
雜誌類型:周刊
🔔新刊上架通知

哈佛商業評論
最新發刊:2020-08-01
雜誌類型:月刊
🔔新刊上架通知

貿易雜誌
最新發刊:2020-08-01
雜誌類型:月刊
🔔新刊上架通知

CIO IT經理人
最新發刊:2020-08-01
雜誌類型:月刊
🔔新刊上架通知

Cheers快樂工作人
最新發刊:2020-08-01
雜誌類型:雙月刊
🔔新刊上架通知

好房網雜誌
最新發刊:2020-08-01
雜誌類型:月刊
🔔新刊上架通知

而當我們喜歡某本雜誌，想要看看它過往的期別時，怎麼辦？舉《Cheers 快樂工作人》雜誌為例，你可以點選雜誌封面下的標題「Cheers 快樂工作人」進入。

再找到「更多卷期」的按鈕，點選後就可以看到更多的期別喔。

輸入關鍵字試試

另外一個方式是直接輸入關鍵字。我們可以在網頁的右上角，找到可以輸入關鍵字的欄位，輸入關鍵字

後，點選放大鏡圖示。我輸入「空氣污染」為例，在搜尋結果頁就可以看到符合這個關鍵字的相關內容。

我們也可以在輸入搜尋關鍵字的右方看到「進階搜尋」的按鈕。可以藉此設定更精準的搜尋條件。透過「增加查詢欄位」，可以多加幾個關鍵字；透過「類別」和「出版年」（如果你不希望資料太舊的話），更可以縮小搜尋範圍，也可以試試看喔！

輸入關鍵字、選擇欄位與查詢條件

[   ]　　　　　　　書籍關鍵字 ⌄

+ 增加查詢欄位
- 減少查詢欄位

☑ 電子書
☐ 人文　☐ 文學　☐ 語言　☐ 財經　☐ 科學
☐ 電腦　☐ 宗教　☐ 醫藥　☐ 藝術　☐ 休閒
☐ 親子　☐ 考試　☐ 漫畫　☐ 政府　☐ 題庫
☐ 影音　☐ 有聲

☑ 電子雜誌

☐ 影音
出版年

請選擇 ⌄　~　請選擇 ⌄

閱讀格式
☑ EPUB　☑ PDF　☑ JPG

[　　　　　　　送出　　　　　　　]

　　如果你的閱讀經驗真的特別少，我會建議可以先從一些不錯的刊物開始，以下是我推薦適合發展自主學習主題的刊物：（僅以北市圖 2020 年 7 月前可以找到的電子雜誌為主。）

⊕ 社會人文類

《今周刊》關注社會議題，經常會有包含多種觀點的精采文章出現。這本雜誌的圖表呈現也非常精采，可以觀摩一下它呈現資料的方法，十分吸引人。

《遠見雜誌》和今周刊雜誌的屬性類似，都是以趨勢和議題做深入報導為主軸。透過這本雜誌除了可以接收到一些國際趨勢，也不時會發現在地關懷的議題，很適合喜歡社會科學的人。可從中發現值得深入理解、探討和參與的議題。

《經理人雜誌》這本雜誌非常特別，如果由我定義，我會將它定義成：想往商業類別發展的同學可以參考的書籍。而且這本雜誌有趣的地方是會介紹大量的工具與書籍，透過整合的方式，了解某個主題。

《全球中央》全球中央會從一個議題出發，思考各國應對該項議題的做法。非常適合對全球化議題還有文化差異有興趣的人來閱讀。加上這是老牌新聞

媒體中央社出版的刊物，文章品質真的在一般刊物之上喔！我也一直認為要推動國際教育應該要有些連接，也就是說，如果我們可以將國際教育聚焦在議題上，思考全球共通的議題，比較在地思維與其他國家的解決策略，這樣自然能培養出國際觀。

《數位時代》這也是一本思考趨勢的雜誌，不過聚焦在數位科技的議題上。議題的討論相當廣泛，也都能帶領社會探討數位應用的風向。適合對數位科技應用，還有對數位社會議題有興趣的人觀看。

《ENGLISH ISLAND 英語島》我曾經提過，如果想要有一石二鳥的學習策略，那麼讀一本雜誌做兩種學習，就是最棒的做法囉！英語島剛好符合這種需求，講英語學習它有點非典型，不過會讓英語學習變得更好玩了一些。講全球趨勢則恰如其分，可以看到不少主流媒體沒有提但卻滿重要的議題。

《親子天下》如果你關心教育議題，這是本相當聚焦於教育的雜誌。不只探討教育趨勢、教育問題，也試著從現場工作者還有專家學者的實務經驗中，找出一些解決策略。除了可以發現一些不錯的學習策略外，更可以從中發現未來升學、適性發展的相關資訊。

《lonely planet》「行萬里路勝讀萬卷書」是句多數人耳熟能詳的名言，想要實際動身可能會發現有各式各樣的限制，那……先做做功課總行吧！不像

一般旅遊雜誌的軟調走向，這本雜誌所說的內容更深入了些，不是用來討好一般大眾用的，可能也因為這樣，特別適合喜歡自由行、深度旅遊的旅行者。

《小日子》這本很藝文、很生活，所以是本強調文化與生活風格的雜誌。看這類雜誌，可以給自己的刺激是發現生活原來可以很不一樣，那麼……該活出什麼樣的自己呢？或許可以在這本雜誌中找一下答案。

⊕ 自然科學類

《國家地理雜誌》國家地理雜誌探索世界、發現未知，探討的議題也十分廣泛，從塑膠微粒、未來食物、宇宙天文等，無一不是它的探討範圍。很容易讓人發現可以深入探討的議題，超推薦啊！

《How it works 知識大圖解》簡單來講，這本雜誌就是告訴你事物是如何運作的。對於喜歡追根究柢，一直問為什麼的你，這樣的雜誌一定要速速拜讀一下，然後再滿足的說出：「原來如此啊！」

《BBC Knowledge 國際中文版》這是一本橫跨科學、歷史、自然議題的雜誌，除了內容很讚之外，圖片也相當精美、圖表層次分明。雖然內容很扎實，但是閱讀起來卻不會太吃力，每篇報導就好像一塊塊導引磚，引領我們走向知識探討的道路。

● 電子雜誌借閱實作

現在，我們來嘗試借閱電子雜誌。找到你想借的書或雜誌，點選封面進入。接著點選畫面右方的「借閱」按鈕。此時如果出現「愛讀立即借」的提示畫面，指的是當你每月固定的免費點數用完後，可以自行採購的閱讀點數，需要自行付費。

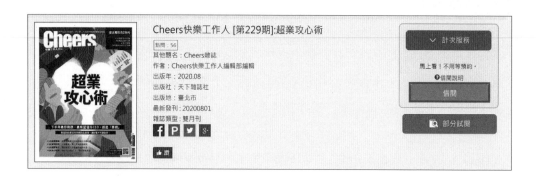

有時候也會遇到因為借閱授權點數不足，以致於需要預約的狀況。此時，一種做法是乖乖排隊，另外一種做法是在一些比較冷門的時段，如夜深或清晨，透過「線上閱讀」的方式來觀看，就可以不受借閱授權數的限制。如果出現「瀏覽已滿」的文字，表示連線上閱讀也都滿了，就只好乖乖等待了。

如果借閱成功，會出現下面的畫面，通知你已經借閱成功，以及你當月還可以借閱的次數。如果你要線上閱讀，請點選「到個人書房」按鈕，如果要繼續借書，就點選「繼續借書」按鈕。

點選「到個人書房」之後，你會看到所有借閱的書籍，也可以知道書籍的到期日。點選「線上閱讀」就可以開始透過瀏覽器閱讀。如果想要提早歸還就按一下歸還，如果覺得這本書不錯，想要珍藏，可以點選「書店購買」。

◉ 線上讀或離線讀

以我自己的習慣來說，我不會把整本雜誌讀完，通常我只會讀我有興趣的部分內容。所以我會先點選最左上角的目錄圖示按鈕，快速看一下目錄。

選定我喜歡的主題後，就直接看主題內容，這樣做的原因是因為目前還沒有適合長時間觀看螢幕還能護眼的裝置，所以就盡量只看自己覺得重要的內容。

如果需要搜尋這本電子書或雜誌內的相關內容，可以點選放大鏡的搜尋圖示，就可以輸入特定關鍵字，進行整本刊物的搜尋。

安裝 HyRead 閱讀器

使用者除了可以直接透過瀏覽器，進行線上閱讀之外，也可透過安裝在電腦、平板、手機的程式或是 App 來離線閱讀，這也是我比較推薦的方式，因為下載完就可以離線，不用擔心閱讀過程中因為網路問題影響閱讀品質。

目前 Chromebook 需要安裝 Android App 才能離線閱讀，Mac 系統則還未釋出相關應用程式，所以要安裝雙系統，透過 Windows 程式來離線閱讀。你可以點選北市圖網頁中的「App 下載」按鈕，依據你所使用的載具，下載相關的使用程式或是 App。

雖然我個人最喜歡使用 iPad 看雜誌的閱讀經驗，不過接下來，我還是以比較多人使用的 Windows 系統電腦應用，來說明怎麼離線閱讀，只要掌握住基本的操作，在不同系統上的使用並沒有太大差異。而由於 win7 已經停止維護，所以我將以 win10 來加以說明。請從程式下載網頁點選 win10 系統的選項來下載程式。

為了日後使用程式的便利性，在啟動前，先點選「啟動」按鈕旁的三個圓點，選擇「釘選到開始」再啟動。

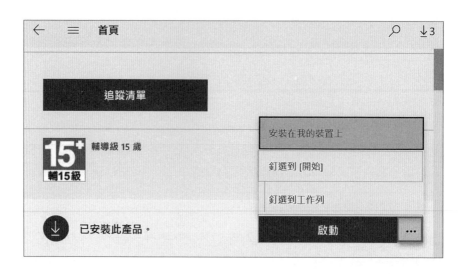

接著，你就會看到程式出現在開始選單中。

添加圖書館，開始借閱

開啟程式後，程式會想存取你的位置，這是為了要找出你所在位置附近，有使用這個系統的圖書館，如果你想讓它提供你一些附近的閱讀資訊站的話，可以點選「是」，如果想要自己選取圖書館，可以點選「否」。

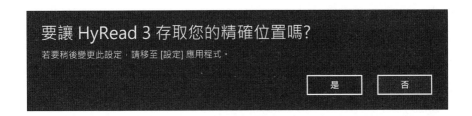

接著連續點選「向右箭頭」按鈕，直到出現「添加圖書館」。

點擊「添加圖書館」。因為我剛剛沒有允許程式自動抓取我的位置資訊，所以我得要手動搜尋，輸入「台北市」，接著選取「臺北市立圖書館」，「臺北市立圖書館」就被加入了。

接著點選「臺北市立圖書館」館名右方的圖示登入。

輸入帳號、密碼及預約通知的電子郵件（當你預約的圖書可以閱讀時，系統會主動寄電子郵件通知你），並且點按「同意隱私權政策」後，按下「登入」。

臺北市立圖書館

登入　　　　　　　　　　流通政策

請登入臺北市立圖書館借閱證號與密碼，密碼預設值為您「出生日期」的「月日」，例如：3月15日生，密碼即為0315。如無借閱證，請至臺北市立圖書館總館或分館辦理，申請辦法請見臺北市立圖書館網站。※ 線上辦證者請以您所設定的密碼

館別　　臺北市立圖書館

帳號*

密碼*

預約通知　輸入您常用的電子郵件

　　　　　　同意隱私權政策

8　　登入

登入後原本灰色的圖示，會變成綠色的，接著，我們就可以開始來下載借閱。

三　臺北市立圖書館

借閱的方式有兩種，一種是透過網頁借完後，再同步到自己的行動裝置來（這是我最常用的方式）。點選搜尋書籍欄位旁的「我的書櫃」圖示，會出現透過網頁借閱的刊物，如果要進行觀看，必須點選「下載」。等到下載完成後就可以點選刊物封面進入觀看。

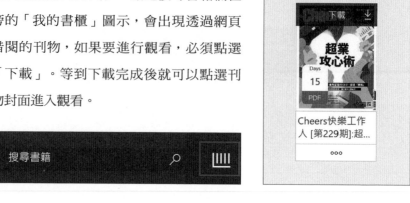

要直接在行動裝置上借書也很方便。可以透過之前提過的「類別」來選擇要借的刊物，也可以透過搜尋，利用關鍵字來找。

接著點選圖示進入後，使用方法和網頁版與電腦版就幾乎一模一樣囉！最後也提供各位一個小技巧，如果你觀看一陣子之後，發現有些刊物是你特別喜歡的，希望只要它一出刊，就能得知消息以便快速借閱，這時你可以利用網頁介面（應用程式介面沒有這個選項），找到你要訂閱訊息的刊物，點選「新刊上架通知」按鈕。

貿易雜誌
最新發刊:2020-08-01
雜誌類型:月刊
🔔新刊上架通知

CIO IT經理人
最新發刊:2020-08-01
雜誌類型:月刊
🔔新刊上架通知

Cheers快樂工作人
最新發刊:2020-08-01
雜誌類型:雙月刊
🔔新刊上架通知

好房網雜誌
最新發刊:2020-08-01
雜誌類型:月刊
🔔新刊上架通知

　　接著輸入電子郵件並點選「訂閱」，以後只要新的刊物上架，就會
通過電子郵件與 App 推播通知來通知你囉！

HyRead ebook將於《Cheers快樂工作人》新刊上架時通知您

請選擇您欲接收通知的方式：

☑ E-MAIL　█████@gmail.com

☑ APP推播通知（請下載安裝APP，並登入您的帳號，保持載具通知功能開啟，即可接收到新刊上架通知。）

[訂閱]

Learn more 隨堂挑戰

試著下載看看HyRead 3 App，有長滾動式閱讀模式，單手也能看，
用小裝置隨時隨地享受閱讀！

「只有透過無止境的輸入，累積形成多元而充滿自我風格的知性世界，才有辦法達到源源不絕的輸出」──日本作家立花隆

大量閱讀之後，我認為適當的輸出是必要的。因為只有透過輸入（閱讀）與輸出（說、寫）的不斷循環練習，才有辦法讓輸入轉換成隨時可用的知識。而輸出與輸入的交替循環，也正如日本作家樺澤紫苑在《最高學以致用法》一書中所說：「反覆輸入再輸出的做法，正是最有效的學習方法，也是『自我成長』的法則。」

至於在工具方面，我個人很推薦南一中何興中老師設計的改良式康乃爾筆記法，透過這個只有一頁 A4 的簡單筆記，可以學習摘要記述學習內容，也能針對內容再提出一些反思，是一個自主學習時很棒的工具。以下提供兩則範例，是高一學生在第一次練習時所撰寫的，可以讓大家參考如何撰寫這類筆記。

大量線上閱讀	
◎ 辦理線上圖書證 ◎ 找尋自己有興趣的電子書	動動手指便能線上借閱並閱讀，實在是現代人的福音，而且它的介面相當乾淨清晰，令人一目了然，不必再在圖書館東奔西跑找尋自己想看的書籍。 HyRead ebook 台北市立圖書館網址： https://tpml.ebook.HyRead.com.tw/index.jsp 辦理線上借書證→登入→找到自己喜歡的書籍、雜誌→借閱→點擊書房→線上閱讀

◎ **我注意到：**如果想學習語言，這裡也有提供相關雜誌、書籍，甚至有「有聲書」，提供語音播放之功能，能夠讓我更周全的學習聽、說和讀。

◎ **我想到：**我能在此書海中慢慢摸索自己真正有興趣的事情、議題，以利將來做選擇。

◎ **我很喜歡：**我很喜歡它的分類介面，能夠使我們快速地找到自己想要的類別。

◎ **我想問：**有其他相關網站也能大量閱讀並提供豐富的資源嗎？

自主學習心得

◎ **這段活動主要在做什麼：**
　①讓我們得知自主學習的重要　　　②如何大篇幅的閱讀找到重點
　③大量閱讀的資料量哪裡有　　　　④有哪些線上資源能夠利用
　⑤如何從找資源下手　　　　　　　⑥如何探索自己
　⑦如何找到自己感興趣的內容

◎ **我注意到：**原來有資料庫這種東西。原來電子書真的比想像中的方便這麼多。

◎ **我想到：**當老師介紹到台北市立圖書館網站的電子書功能時，我突然想到如果無聊時，也能利用裡面借閱電子書的功能借閱自己有興趣的書來看，既能打發時間又能充實到自己。

◎ **我很喜歡：**很喜歡老師介紹電子書這個功能帶給我的科技感以及方便，還有借書時探索自己喜歡的東西時接觸自我的感覺。

◎ **我想問：**如何知道我選的自主學習主題是否有探討的必要？探討時有沒有什麼一定要注意的事？

探求你的知識

連結影音平台，
進入線上課程，滿足個人化的學習

自主學習任務

任務一：進入 TED 影音學習平台，連結全球趨勢。

任務二：使用台灣 OCW 大學開放式課程，了解科系課程地圖，試讀特定科系課程。

任務三：在 MOOC 線上課程，與授課教師、助教或同學互動。

 開箱線上課程

　　前些日子，新聞報導經常出現關於自主學習的一些爭議，其中有一項是質疑偏鄉無法開出能與大學相關科系對接的微課程，擔心會影響到孩子日後入學的成績。確實如果是在小校，校內微課程的開設人力會較為不足，也很難開出完全符合需求的微課程。如果學校位於偏鄉地區，也會有無法善用大學資源的狀況。

　　但是位於都會區的大校，就可以完全滿足所有學生自主學習的需求？能善用大學資源提供學生充分的協助？其實認真思考一下，我們會發現要完全滿足學生各式各樣的學習需求是非常難的。舉例來說，有同學想要學中醫，也有人想學髮型設計，還有想學影像剪輯的……，很少有學校有把握可以完全滿足學生自主學習的需求，事實上，連綜合型大學都未必完全解決這個議題，即便是利用跨校修課，也要克服許多經費、排課方面的種種問題。

　　但是這個問題是否就無解呢？其實也未必，如果我們不是不停埋怨學習資源的供應不全，而是願意試著思考如何從其他方向，或是用其他方法來彌補實體資源的不足，這樣我們應該可以找到一些足以解決這些問題的方法。同時，就我的想法來說，微課程也是一種被規劃好的課程，

雖然有助於多元探索，但是在那當下，學生「自主」學習的規劃，也可能因此會被淡化了。

實體資源欠缺的現象背後，我的想法是可不可以用虛擬資源來補足呢？就微課程的部分來說，網路上多的是各大學開出來的線上課程，不管是數量或是品質，絕對不會比個別高中開出來的遜色，甚至如果學生積極一些的話，還可以連結現實學習環境；參與遙不可及的國內外一流大學的線上課程，連跟大學接軌這一塊都可以順便解決了。

我曾經分享在彰化一所社區高中，今年有一位學生想要甄試台大社工系，學校老師都很高興學生能夠確認自己的學術傾向，也願意動員相關人脈協助。但是實體資源上，老師們發現這所社區高中跟台大社工系之間是很遙遠的。但是在網路上呢？以往有所謂的「六度分隔理論」，說的是透過網路連結，世界上的任何人與任何人之間，縮小到僅隔著 6 個人而已，而在 Facebook 這樣的社群服務上，這樣的距離甚至縮小到剩下 3.57 人。如果我們善用虛擬的線上資源，甚至可以直接接觸到大學相關系所的教師，讓距離比起社群服務又更近了些。用這樣的虛擬資源結合學校可以提供的實體資源，就能更加完整。

此外，線上學習資源的好處是只要有網路，隨時隨地都可以上課（有些平台甚至也提供影片離線觀看功能，所以離線也能上課），也不用擔心出現微課程被搶光的問題。當逐漸習慣這樣的線上學習方式後，這種

能力也可以持續到日後的求學與就業生涯中，為自己提供終身學習的基礎，是一個非常划算、一兼二顧的學習投資啊！

三大線上課程：TED、OCW、MOOC

前一章我們提到，可以透過公共圖書館數位資源的電子雜誌，來進行自我的探索，但是對於文字閱讀感到吃力的人，是不是能夠用其他的方式探索呢？我會建議學習者可以使用影音為主的 TED（https://www.ted.com/#/）網站，透過影音的方式來探索自我，當然如果可以結合文字和影音就更棒了。那麼我為何會挑選 TED 呢？我提出以下我的選擇條件，給大家參考一下，以後大家或許也能在網路上找到更多適合的資源。

◎ 分類清楚
◎ 定期更新
◎ 掌握趨勢
◎ 短片為主
◎ 深入淺出
◎ 留下伏筆

而且還要方便能在手機上收看，這樣就可以利用細碎的時間來觀看了。透過 TED，我希望對文字喜好程度比較低的人，可以透過分類影音來探索自己的興趣，以此作為自主學習主題發展的基礎，當然也可以透過 TED 連結全世界眾多的趨勢議題。

除了以影音為主的平台，前面有提到，國內外都有大量由大學開設的線上課程，接下來，顧及到語言限制，我們先從國內以中文為主的課程平台討論起。一般來說，國內大學開設的線上課程，可以分為 (OpenCourseWare, OCW) 與 (Massive Open Online Courses, MOOC) 兩種。

　　OCW 主要是錄製大學授課實況為主，比較沒有完整線上課程的規劃，對照實體的學習行為，比較像是去旁聽的感覺，所有的學習效果都來自你個人的感受，也不會參加測驗。MOOC 則朝完整線上課程的方向規劃，需要選課，有一定的課程進度、有討論、測驗與作業，最後完成課程時可以獲得認證，如果付一些費用，有些課程還可以提供紙本證書。

　　如果是以自主學習的需求來思考，使用 OCW 來做自主學習的話，最後還是要自己設計你學習後的產出（小論文、海報論文或是相關學習紀錄）。但是如果是使用 MOOC，經過學校老師的同意與認證，在課程中繳交的作業與最後的修課證明，也是很棒的學習歷程檔案；另外，MOOC 裡更吸引人的部分還有虛擬人脈與鷹架效應。

　　多數的 MOOC 課程會有參與線上討論的評分項目，當你跟來自各地的同學一起討論時，便可以基於個體間的差異，搭起各式鷹架。至於虛擬人脈，除了線上同學的互動之外，透過線上與開課教授的互動，如果獲得不錯的評語的話，應該也有機會從授課教授那裡，開展專業人脈

的資源，而且以這樣的學習成果去報考，應該也會獲得肯定。這樣子不僅能夠解決自主學習中的產出問題，也順便為日後的專業學習人脈奠定了基礎，應該算是很棒的學習投資喔！

透過 OCW 及 MOOC，希望大家可以藉此做學術性向的探索與連結，不要人云亦云，透過自己親身學習與體驗，決定自己是否真的想就讀那個心目中認為很理想的科系。如果不小心發現情況不如預期般理想，或是受挫連連，當然可以選擇改變方向，或是再給自己一點時間來學習；可以連結其他相關的學習資源，例如其他老師的授課，試著再學習看看；有時候，一些科目的學習也會因為讀通之後興趣大增，所以建議給自己設定一段時間來嘗試會比較好。

如果運氣很好，自己心目中理想科系的學習內容，真的就像自己想像的那般有趣，那麼就一鼓作氣好好的學習一下，一方面累積自己甄試時的資料，另一方面，在積極學習的狀況下，或許真的有機會透過虛擬的課程，連結到真實的人脈，那時候實體資源的限制已然不在，透過網路無遠弗屆及多向連結的特性，已為自己打造了許多可能。

TED 影音學習平台

接下來，我來帶著大家一起使用 TED 這個資源。首先你必須註冊，進入首頁後，你可以用 Google、Facebook 或是電子郵件註冊；為了連結一般學校以 Google 為主的使用習慣，所以我選擇使用 Goolgle 登入來說明。請先點選 Sign in。

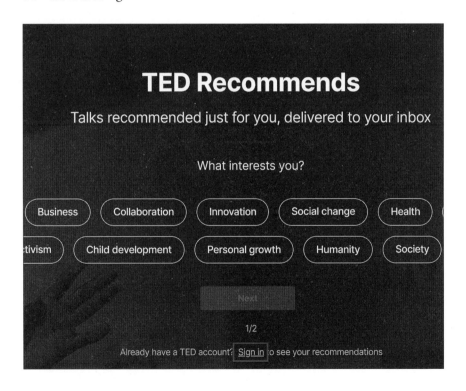

點選 Continue with Google 圖示，點選指定電子郵件登入。

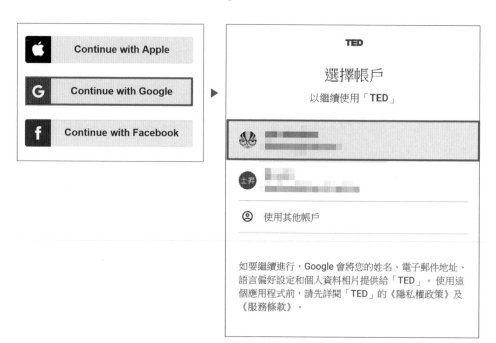

　　註冊完成後，之後在網頁上做的任何設定，都可以透過這個帳號跟手機的設定互相同步。接著我們就一起來探索吧！可以先點選 WATCH，接著點選 TED Talks。

進入 TED Talks 頁面後，我們可以加一點搜尋條件，例如因為我的英語聽力不是很好，我可以在 Languages 按鈕中，選擇中文（繁體），來輔助降低學習門檻。

另外我可以在 Topics 下挑選我喜歡的類別（如果你有特定喜歡類別的話），我選擇的是 Design（設計類），如果你對於英語網頁的說明感到困擾的話，可以在網頁空白處按下右鍵，選擇「翻譯成中文（繁體）」。並且建議使用 Chrome 瀏覽器，和本章的講述會比較一致。

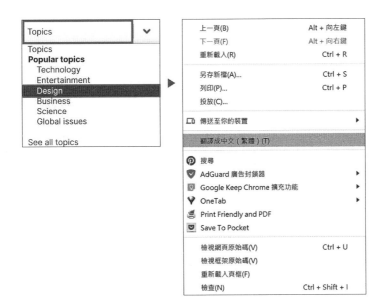

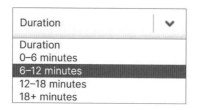

還有一個比較有趣的按鈕選項是 Duration（期間），我們可以依據我們想要觀看的時間長短，來做為影片挑選的依據，這樣還滿適合用在一些等公車、等捷運的零碎時間喔！

透過這三個條件「中文」、「設計類」、「6-12 分鐘間」，我們可以挑出一些符合的影片來。這些經過條件篩選出的影片，也就像我們在閱讀電子雜誌時挑出的文章一般，可以做為我們最初閱讀的資料。試著從裡面找出適當的關鍵字，再慢慢由這些初始資料展開其他閱讀，進一步形成你的主題。

接著選一部影片進去看看吧！在影片觀看視窗內還有一些滿好玩的操作喔！

在 TED 裡影片與字幕是分開的。所以一部影片有許多國家的字幕可觀看，你可以隨時透過 Transcript 按鈕選項選擇你要的字幕。有時候我不想用看影片的方式來閱讀的話，我也會透過看字幕來學習，還滿方便的。

接著來看一下影片觀看視窗內各個按鈕的操作。Liked 這個選項有一點像是購物籃，我們可以先逛一圈，稍微看一下簡介，遇到喜歡的影片先用 Liked 先註記一下，以後再找時間觀看。Add to list 則是可以將喜愛影片加入播放清單中保存起來，已經加入清單後會出現 Added。

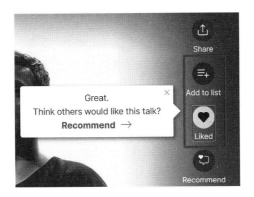

那 [Share] 的功能是什麼呢？

　　我常用它來將影片分享到各類社群媒體去，有些影片還支援用這種方式下載。因為 TED 畢竟是國外網站，或多或少都有網路頻寬問題，下載下來後比較可以順暢的觀看。我們可以點選 Download

　　還可以將字幕一起下載，只要選好語系，就可以一起下載囉！下載完後，我們就可以離線看有字幕的影片了。

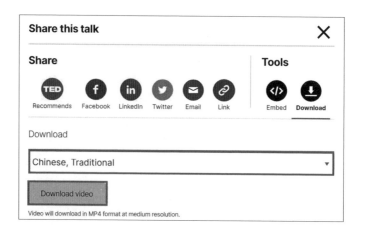

那剛剛加入 Liked 的影片列表去哪裡找呢？看一下網頁右上角，點選你自己的帳戶圖示，就會出現 Likes 選項。點選進入，就會發現你剛剛註記 Liked 的影片。

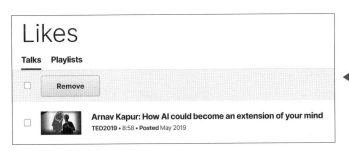

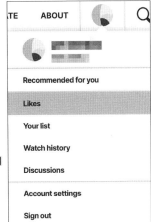

點選 Your list 進去，就可以看到你剛剛點選 Add to list 的影片。

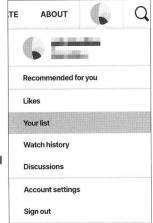

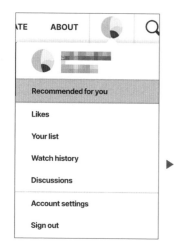

如果你影片看得不少，系統還會自動推薦影片給你，點按 Recommended for you，有時候會有意外驚喜喔！

至於 Watch history，會把你看過的影片都列出來。我通常會保留這筆紀錄，通常跟人家聊到某個影片，要分享給別人時，只要到這歷史紀錄裡，就可以找到以前看過卻忘掉的影片資源。

那……如果沒有喜歡的類別怎麼辦？TED 有很多各式各樣的播放清單，只要點選 WATCH 的 Playlists 就可以囉！就像下排文字所說的：「有超過 100 個以上的播放清單來滿足好奇的心靈。」就勇敢且充滿好奇的試試看吧！

如果你也想挑特定類別的 playlist，不要客氣，可以自訂條件篩選。
我在這邊示範的是設計類，Curator(策展人) 是 TED 官方，因為我想看
看在這個類別裡，官方推薦了哪些很棒的播放清單？

如果英語讀起不順暢，那翻成中文也行。還記得在網頁空白處點選
滑鼠右鍵這個操作嗎？選擇翻譯成中文（繁體）吧！

透過以上這些基本的操作練習，我想每個人應該都有辦法找到自己
喜歡的相關影音課程。

Learn more 隨堂挑戰

在手機 App 中用 Google 帳號登入 TED 服務，熟練 TED App 的
實際操作，下載一部有中文字幕的影片到你的手機中。

台灣 OCW 大學開放式課程

　　一般來說，OCW 的資源可以從「台灣開放式課程聯盟」 http://
www.tocwc.org.tw/ 進入，不過官方網頁並不是那麼穩定，所以僅供參考。
另外一種進入的方式會建議以「OCW」作為關鍵字來搜尋，就會發現一
些著名大學提供的 OCW 課程，可以從 Google 搜尋結果列中最頂端的資
源（交大 OCW）進入，嘗試一下 OCW 的學習模式。

　　當然如果你很清楚知道你想讀的學校或是科系，也可以用「OCW
＋學校或科系」來搜尋一下相關課程，例如，可以用「OCW+ 空格 + 台
大經濟」找到以下相關課程。另外，我也發現通常比較願意利用網路開

設課程的教授，也比較容易透過網路的方式來聯絡，這個也提供給大家參考。

Google and the Google logo are registered trademarks of Google LLC, used with permission

接下來我以「國立交通大學開放式課程 (OpenCourseWare, OCW)」http://ocw.nctu.edu.tw/ 來跟大家介紹一下 OCW 課程。

進入 OCW 課程的首頁後，可以觀看一下「課程專區」

交大的系統可以依據學院來選擇，如果不是很清楚各學院的差別，或許可以直接輸入關鍵字來搜尋。

因為我沒有對哪些課程特別有興趣，所以我就選擇「通識課程」來看看。接著我選了一門「轉角，遇見人類學」的課，因為我聽說很多科技公司會聘請人類學家進行各種調查、研究工作，這讓我想知道人類學到底在講些什麼。

一般來說，課程都會有一些相關的說明。在這個課程的說明裡，有時也會提到需不需要準備相關的參考書籍，建議可以試看過1、2堂課後，如果覺得真的有興趣，再來購入書籍。

除了課程介紹外，通常還會有課程綱要的介紹，可以看到具體的教學目標，讓你檢視課程完成後，你是否達到了老師當初規劃的目標。

最後，我們可以直接點選課程影音來觀看課程內容。影音的部分除了可以線上觀看之外，也可以下載 Mp4 來觀看。如果你對這個課程很有興趣，又無法隨時連上線觀看的話，就可以試著下載到手機或是其他裝置觀看。

📹 課程影音列表

周次	課程內容	課程影音
	課程介紹	線上觀看　MP4 下載
	講題：人類學家如何瞭解文化？(1/2) 講者：余舜德研究員	線上觀看　MP4 下載

其他學校的 OCW 網站使用方式也大同小異，所以只要會用一個網站，其他的也應該會用。而且你會發現，如果有些課程有兩個以上的學校開，例如經濟學，台大、交大、清大都有開，你也可以多看一下不同教授的教學，看看哪一個教授的講法比較喜歡，或是比較聽得懂。不過就像前面說的，OCW 只有提供教學素材，後續相關的自主學習，還是需要自行訂定相關學習計畫來完成喔！

精準找到想要的 OCW

如果你已經知道自己想就讀的學校科系，而想要更進一步了解，以下我實際舉個例子來說明。以前一章提到的台大社工系為例，首先，我們可以直接用 Google 輸入「台大社工 課程」，搜尋學校的課程架構，點選課表進去觀看。

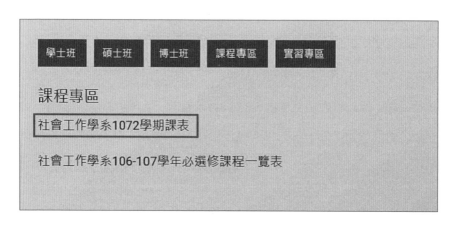

裡面會有必修科目名稱，還有任課教師姓名。我們也可以透過科目名稱或是教師的名字搭配 OCW，例如用 Google 輸入「OCW 社會心理學」，就會查詢到清大有老師開這門課，我們可以點選進去。

ocw.nthu.edu.tw › ocw ▾

社會心理學 - 清華大學開放式課程 - 國立清華大學
心理學與現代生活、社會心理學與學習、質性研究、社會.心理學、學習與 ... 2020-08-04, 2020
NTHU OCW YOUTUBE 全英文授課語音辨識錯誤表! 2020-07-28 ...

Google and the Google logo are registered trademarks of Google LLC, used with permission

詳讀授課老師說明「課程內容」這個部分非常重要，可以讓你掌握這堂課的架構，也可以讓你思考，如果你要利用自主學習時間來上這堂課，該如何安排時間。不過因為這裡只是試探，所以量力而為，真的很喜歡可以持續下去，如果真的聽不下去，也可以轉換到其他科目或是科系試試看。

課程可以直接在網頁中觀看，也有影片下載的地方，可以將影片下載到電腦或是手機中觀看。

課程內容
- 第1講 社會心理學簡介
- 第2講 社會心理學研究方法
- 第3講 自我瞭解：我是什麼樣的人？
- 第4講 社會知覺：我們如何瞭解他人
- 第5講 認知失調：國王的新衣？
- 第6講 態度形成與改變：廣告的威力
- 第7講 從眾與服從：好人也會做出壞事？
- 第8講 團體歷程：三個臭皮匠勝過一個諸葛亮？
- 第9講 團體歷程：三個臭皮匠勝過一個諸葛亮？
- 第10講 歧視與偏見
- 第11講 親密關係：愛情有什麼道理
- 第12講 助人與利他行為：助人為快樂之本？
- 第13講 攻擊與暴力行為
- 第1R講 社會心理學簡介
- 第2R講 社會心理學研究方法
- 第3R講 自我瞭解：我是什麼樣的

觀看時還可以倍速來觀看，加速學習進度（如果這些內容對你來講覺得滿容易時，就可以試試看）。

有些教授甚至會提供投影片下載，只要點選黃色圖示就可以下載了。

在這些課程學習中，我也希望大家可以透過改良式的康乃爾筆記法，紀錄一下自己的學習歷程、反思與問題。

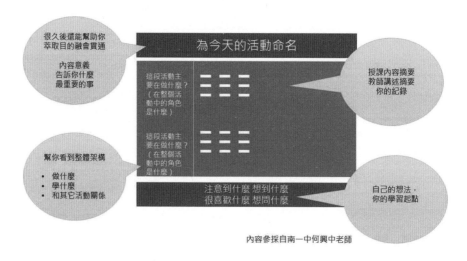

內容參採自南一中何興中老師

配合你的自主學習計畫，只要能夠在你的自主學習計畫中呈現「動機」、「目標」、「時間與資源安排」以及「歷程」、「反思」、「問題」這些元素，我覺得就是非常棒的自主學習呈現。而且試想一下，同樣是甄試社工系的學生，和其他學生的差異，在於你已經清楚社工系的課程架構，也知道授課老師是誰，甚至已經預修了部分課程，並且做出學習感想。試問：和其他一同參與甄試的學生來說，誰會令人印象深刻呢？

Learn more 隨堂挑戰

進入台灣 OCW 大學開放式課程，透過 OCW 的課程時間安排，試著自己適當安排自主學習時間。

● 台灣 MOOC 線上課程：
ewant 育網

至於 MOOC，多數人較有印象的應該是 edX 和 Coursera。但其實目前台灣也有個本土的 MOOC 異軍突起，提供不少以中文為主的大學課程供社會大眾選修，這個 MOOC 就是 ewant 育網開放教育平台 https://www.ewant.org/。

該平台目前擁有 90 多所合作學校，累積超過 1000 多門精采課程，所以不管是用來搭配學校既有的微課程，或是連結大學相關課程，應該都是相當足夠的。大多數的課程完全免費，當你想獲得大學提供的修課證明時，才需要付費。除了使用網頁操作之外，這個站台也提供了 App，可以透過行動裝置學習。

要使用該網站的線上課程一定要註冊，所以請點選網頁右上角「登入」連結來登入。

您尚未登入 (登入)　繁體中文 (zh_tw) ▾

點選「申請一個新帳號」。

您第一次來訪嗎？

您好！如果您尚未申請帳號，為了能完整使用本網站課程，您需要先花一兩分鐘時間申請一個新帳號。

申請帳號請依下列步驟進行：

1. 請於申請新帳號表單中輸入個人相關資料。
2. 一封電子郵件會立刻寄送到您的信箱中。
3. 讀取您的電子郵件，點按信件中的網址連結。
4. 您的帳號將得到確認，並且立刻登入本網站。
5. 然後，請選擇您想要參加的課程。
6. 從此，您只要輸入個人的帳號與密碼〈在左邊的表單中〉，就可以進入任何一個您已選修的課程中。

申請一個新帳號

所有標示紅色驚嘆號的欄位都要填入資料，輸入完成後點選「建立我的新帳號」。

申請完成後，系統會通知你去收信，以便完成註冊手續。接著點選認證信中的連結來完成註冊。如果沒有問題的話會跳出一個視窗，通知你的註冊已經獲准。

相較於 OCW 課程可以隨時進出，MOOC 修課時間就有限制。如果你看到這門課時，已經超過他的修課時間，那就表示你可能必須等待它下一輪開課了。那麼，我們應該如何找到還可以修的課程呢？因為這個網站的搜尋不能用複合式搜尋機制，所以我只能在首頁點選「所有課程」搜尋。

再選擇「開課中」來搜尋目前已開課，但是還可以參加的課程。

如果你現在沒有時間修課，你也可以選擇「即將開課」選項點選搜尋。不過你會發現有些課程上面有一些紅色標示，這些有紅色標示的課

程（例如：高中MOOC-高中人才培育計畫）並不是自由開放選修的課程，要符合一定條件才能修課喔！

　　如果要修完課程，要注意一下這門課已經開多久了，避免追不上啊！我選的這門「生活中的機器人科技」課程或許可以試試。當你將滑鼠移到這個課程下方時，就會出現「進入課程」的按鈕，這時候就可以點選進入修課了。

進入課程後可以看到課程的「摘要」、「目標」、「教師簡介」、「課程進度」與「評分標準」，如果覺得自己可以跟得上，可以點選「報名學習」。

　　確認完你的選課後，畫面會由「報名學習」變成「進入課程」。點選後就可以進入學習。

以後也可以從首頁右上角，點選自己姓名右方的下三角形圖示，選擇「我的課程」。

再選擇你想進入的課程，點選「進入課程」。進入課程的首頁後可以先點選「課程資訊」。

其中比較重要的是課程進度、評分標準與通過標準。以自主學習來說，你如果不知道怎麼安排你的自主時間，你就可以參考課程進度與每節課的授課時間，妥善的將課程進度表與你的學習時間安排配對起來。

課程進度表

單元 1:ewant學習簡單上手：學習平臺功能教學

單元 2:認識機器人

單元 3:工業機器人

單元 4:醫療輔助機器人

單元 5:戲劇與舞蹈機器人

單元 6:情緒、療癒、與寵物機器人

單元 7:恐怖谷、法律、及其他

單元 8:AI、意識、與機器人

單元 9:期末考

課程內容

本課程將由機器人的定義談起，走進它的歷史，探討它與科幻世界的關係，接下來將描述幾種令人驚艷、走入人類生活中的機器人，情、倫理、與法律面向，最後，總結於機器人與人的關係。

評分標準

· 每週小考：35%

· 期中考：30 %

也可以觀看一下課程地圖、影音、教材。

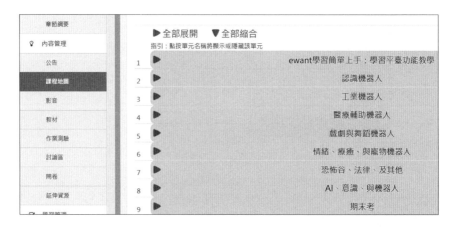

影音教材

ewant學習簡單上手：學習平臺功能教學

認識機器人

- ▶ 1-1 機器人的定義
- ▶ 1-2 機器人的前世今生
- ▶ 1-3 現代機器人故事之父

工業機器人

- ▶ 2-1 工業機器人從何而來、所為何來
- ▶ 2-2 工業機器人的強項與弱點
- ▶ 2-3 工業機器人系統

課程資訊

章節綱要

內容管理

公告

課程地圖

影音

教材

作業測驗

討論區

問卷

延伸資源

檔案

ewant學習簡單上手：學習平臺功能教學

📘 ewant平臺學生操作手冊

認識機器人

工業機器人

醫療輔助機器人

戲劇與舞蹈機器人

情緒、療癒、與寵物機器人

恐怖谷、法律、及其他

AI、意識、與機器人

課程資訊

章節綱要

內容管理

公告

課程地圖

影音

教材

作業測驗

討論區

問卷

延伸資源

如果你想通過這個課程，還必須做作業測驗，並且達到一定的成績。

有的老師也會將討論以及與同學的互動列入成績計算基準，所以適當的在討論區跟其他同學互動也是有必要的喔！不過跟同學討論的重點不只在成績，更重要的是，因為這類公開課同學來自四面八方，所以也比較有機會跟不同的人討論，是個難得的機會喔！

國際 MOOC 線上課程：Coursera

　　介紹完國內的 ewant，接著介紹國外的 MOOC 網站，有許多來自世界各國著名大學所開設的課程，如果評估自己的語言能力不錯的話，建議你可以試著直接挑戰外國大學開設的課程。這類的網站也很多，其中最著名的是 Coursera 跟 edX。

　　這兩個 MOOC 也都提供了相關的 App，可以讓你使用行動載具學習。不過在開始之前還是要提醒一下，這兩個網站的課程強度較高，而且多數課程還有語言的門檻（特別是 edX 課程幾乎都是以英文為主），所以建議得要評估一下自己的時間、語文能力，還有學校課業的繁重程度後再投入。

　　這兩個網站的介紹我們會以 Coursera (https://zh-tw.coursera.org/) 為主，因為這裡的課程與介面也比較符合國人的需求。Coursera 是史丹佛大學開展的計畫，跟 edX 比較起來，它的中文化程度較高。而台大當時在 Coursera 設立之初便和他們合作，在此開設了許多中文的 MOOC 課程，因此如果你想體驗台大的課程，這裡是個好起點。

跟 ewant 一樣，也是需要先註
冊，註冊的方式有三種，一般來說，
我會比較建議用 Facebook 或是電子
郵件註冊，因為 Apple 帳號比較沒
有那麼普遍，不過如果你是使用蘋
果裝置時也可以考慮一下，因為蘋
果在個人隱私的保護上，算是滿嚴
謹的。

註冊完成後，站台會先做一下調
查，以便幫你做學習安置，如果一時
不知道怎麼辦，就選擇「跳過」吧！

接著來教大家怎麼尋找課程，最普遍的方式是用網頁左上角的「探索」，並且點選「瀏覽 Coursera 的全部課程」來選擇相關類別。

在這裡你會發現一些簡體中文，在網路世界裡，簡體中文的資料量也比繁體中文多，特別是國際性的線上學習平台。不過也不用擔心，因為懂繁體中文的人看簡體中文算是滿容易的，另外，基於學習的角度來看，順便學會閱讀簡體中文也不錯，之後去 edX 學習時，遇到中國重點高校開的課程就不用擔心了。

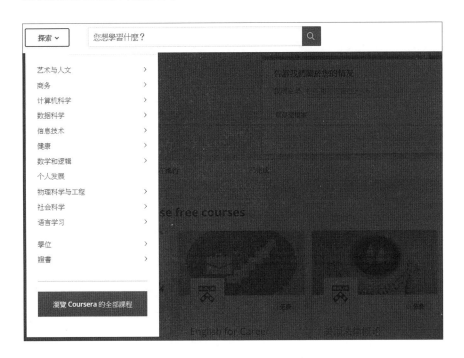

除了使用探索，另外一個做法是找到像是放大鏡的搜尋按鈕，點下去就會發現很多篩選項，我會先選擇「語言」再點選「顯示全部」。

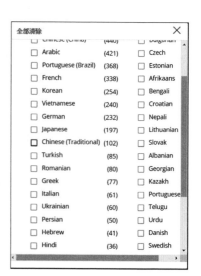

這時就可以找到Chinese (Traditional)了，在這個語言選項裡有102筆資料。但Chinese (Traditional)的課程，指的並非是課程都用中文呈現喔！有的只有影片有中文字幕而已，所以還是可能需要不錯的語言能力才能完整學習。

如果有外語能力問題，擔心自己一時跟不上，除了可選擇提供中文介面的課程來學習外，也可以在「級別」裡選擇「Beginner」，找到比較入門級的課程。

　　不過不用怕，我們可以在「合作」的按鈕選項裡選擇 National Taiwan University，裡面多數的課程都是完全用中文上課。

　　在選擇課程時也可以同時看到星等、修課人數及課程難易度等資訊。

如果你想直接從類別來挑，也可以用「技能」選項來篩選，例如我們就可以看到 Algorithms（演算法）下有 2 門課程。

技能	^	合作	∨
☐ Chinese Language			(4)
☐ Human Learning			(3)
☐ Poetry Writing			(3)
☐ Algorithms			(2)
☐ Critical Thinking			(2)
☐ Language			(2)
☐ Language Learning			(2)
☐ Mechanical Engineering			(2)
☐ Tai Chi			(2)
清除			顯示全部

簡單來說，就是先在「語言」選「Chinese (Traditional)」，在「合作」選 National Taiwan University，接著再挑一門技能的分類，應該就可以試著修習你想學的課程了。

接下來我以社工系開的「少年福利與權利」課程為例，進入課程做說明。

進入課程後，我會先點選「關於」看與課程相關的簡介。再來會看「講師」的介紹，如果講師有開 1 門以上的課程，也可以順便看看其他課程。

　　課程進度可以搭配自主學習計畫上的時間分配，而且可以發現到，視頻都被切得很短，以便使用者利用零散的時間學習。而且視頻都可以下載，即使離線時也可以觀看。

如果覺得課程很不錯，可以點選「免費註冊」進入學習課程。

立即開始學習

有助學金

免費註冊
於 **7月 03** 開始

2,421 人已註冊

註冊課程的時候會詢問是不是需要證書，可以先選擇不需要，等到修完課時可以再行購買，選擇完請點選「繼續」。

少年福利與權利 (Welfare and Rights of Youth)

● 購買課程 · US$39 USD
  獲得權威認證證書，分享和展示所學的新技能。

○ 完整課程，沒有證書
  您仍可以訪問此課程的所有課程教材。

繼續

再點選「開始學習」進入課程。

少年福利與權利 (Welfare and Rights of Youth)

歡迎學習本課程。您現在可以訪問課程材料了。

開始學習

進入課程後，可以看到課程的編排，請依據順序學習課程。

如果課程中有影片，觀看影片的時候，也可以點選圖示知道課程架構。

還可以邊看邊製作筆記。製作筆記的方式很簡單，影片的下方會出現文字稿，會隨著上面的影片播放跳到適當的內容，當你聽到某段內容覺得需要製作含有時間標記的筆記時，只要點選「保存註釋」，就會將文字稿的片段紀錄下來，你也可以加入自己的筆記。

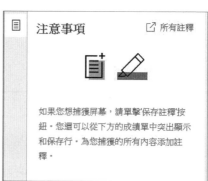

當你在觀看時也可以隨著自己對議題的熟悉程度來調整播放速度，據我所知，有一些很習慣線上學習的大學生（例如交通大學），經常會調快播放速率來減少學習時間。不過這要量力而為，我個人的習慣是會依據老師上課的節奏和我聽講的理解力來調整速率，另外還會搭配下方的文字稿看過一遍，以便讓自己可以更加深入理解內容。

如果你是使用手機，我會建議你將
影片下載，這樣子即使自己手機沒有購
買吃到飽的費率，也可以在有無線網路
使用的時候，先下載影片。一方便讓影
片播放較流暢，一方面也不用擔心流量
問題。

不過如果是學校在自主學習時間，允許學生使用 OCW 和 MOOC
這類課程自主學習，就要注意當大家同時展開自主學習時，不管是線上
觀看視頻或是下載視頻，都會產生大量流量，學校無線網路是否能夠應
付瞬間的大量流量，是必須考慮的問題。

我也建議在學習過程中要
多和同學討論；有些課程甚至
要算互評成績，跟同學多些互
動會讓同學比較有印象。另外，
同學來自四面八方，也是臥虎
藏龍，多互動也可以增加自己
對議題的理解，獲得更多元的
看法。

 ▶

國際 MOOC 線上課程：edX

接著來簡單介紹一下 edX(https://www.edx.org/)，這個由麻省理工學院和哈佛大學創建的學習平台，因為我在前面說過 edX 的內容，對於一般台灣的使用者來說比較沒有那麼親和，基本上它真的比較適合有能力學習純英語課程的學習者（或是想要修中國大學課程的人），所以我就不多介紹，只把大家帶到門口，讓大家學會註冊及選課後，再自行進入修課。輸入網址進入網站後點選 Register。

會選擇 Google 登入，因為不習慣記太多帳號，而且可以跟我的 G suite 帳號作一個連結。點選你要用來登入的 Google 帳號。順利登入後，你應該可以在網頁右上角，看到自己 Google 帳號的暱稱。

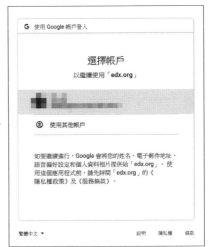

跟使用 Coursera 一樣，點選「探索新課程」看一下有哪些課程。如果還是希望以中文課程為主，那就在 Language 項目下找 Chinese 開始的語系。

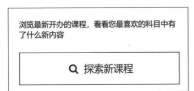

找完後再選擇 Availability，因為 MOOC 課程有週期性，所以要找目前還可以修課的。

經過這些篩選你就會找到「中文」、「現在可以修課」的課程。

如果你下定決心就是要用英語修課，那 Language 就選擇 English，接著在 Subject 按鈕選項選擇你喜歡的類別，這邊我示範選擇的是 Design。

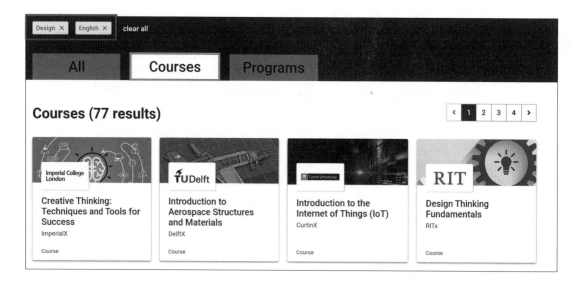

找到喜歡的課程點選 Enroll 進入。

Creative Thinking: Techniques and Tools for Success

Learn how to apply tools and techniques to better solve problems, generate ideas, and excel in your chosen career.

Imperial College London

52,554 already enrolled!

☐ I would like to receive email from ImperialX and learn about other offerings related to Creative Thinking: Techniques and Tools for Success.

　　在課程頁面右邊會出現相關資訊，例如：課程大約的週數、每週學習花費的時間（這點可作為自主學習計畫撰寫的參考）、價格、分類、開課學校、等級、學習模式等，也提供了完整的教學大綱，可以稍微了解一下喔！

🕐	Length:	7 Weeks
⏱	Effort:	2–4 hours per week
🏷	Price:	FREE Add a Verified Certificate for $49 USD
🏛	Institution	ImperialX
🎓	Subject:	Humanities
✹	Level:	Introductory
🏛	Language:	English
🎬	Video Transcript:	English
👤	Course Type:	Self-paced on your time

如果沒有打算拿學位證書，可以先旁聽，在過程中隨時可以切換成繳費換取學位證書的模式。

> **旁听此课程（无证书）**
>
> 免费旁听本课程，并可访问课程资料和讨论论坛。**此轨道不包括分级作业或无限制的课程访问。**

一進入課程時，也會針對學習目標做簡單的調查。我選擇的目標是要完成課程。

旁聽會有一些時間限制喔！大約只有在課程開始後的七週左右可以旁聽，七週後就沒有權限觀看這個課程。

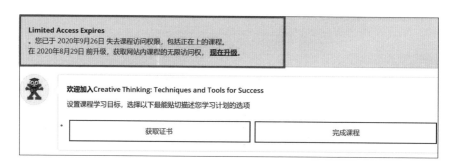

看課程影片也跟 Coursera 一樣，提供全文字幕。所以如果真的想學，英文又不好，也可以用很刻苦的方式，將字幕翻譯成中文學習。不要笑這種方式好像很笨，其實早期很多開放課程都有一些志工，用聽打的方式協助將課程內容轉成字幕，就是希望不要讓語言變成學習時跨不過去的門檻，所以真心想學，現在的工具真的很多，不用過於擔心。

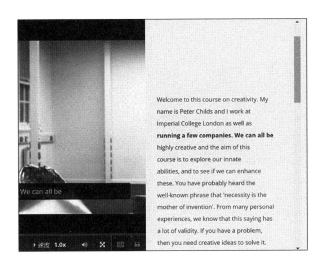

　　至於 App 應用的部分我想交給大家自己學習，因為對數位原住民來說，用手機 App 的熟練程度高出 PC 許多，應該可以自己學會 App 的操作方式。

3

收斂你的資料

搭建主題架構，數位技能養成

自主學習任務

任務一：找一、兩個同學一起練習關鍵字搜尋，發現彼此差異。

任務二：下載 XMind 心智圖實際應用。

◖ 掌握關鍵字搜尋

　　想要建構出自主學習主題的輪廓，資料庫的應用不可或缺；掌握住關鍵字搜尋，就能在資料庫裡找到更多相同關鍵字的資料，接下來我會特別提供給大家一些文章，可以的話，我會建議你找一兩個同學一起練習，因為透過這樣的做法，能夠讓彼此發現摘取關鍵字時的觀點差異，也比較有機會再次思考，自己摘錄的關鍵字是不是還缺乏了什麼。

　　這些文章他們共同的特色是「小眾媒體」、「國際事件」、「在地解決方案」，例如這一篇〈中研院邢禹依團隊跨國研究，揭開台灣油芒身世，期許「台灣孤兒」消滅全球飢餓〉https://www.newsmarket.com.tw/blog/131222/，就思考了在全球「糧食危機」中，台灣可以做出什麼樣的貢獻。我想透過這些文章傳遞一些訊息，讓大家思考世界的趨勢、擴充媒體來源豐富度，以及練習從在地出發並連結國際。對於一個數位時代的公民來說，透過這樣的閱讀與活動來與世界連結，我覺得是個很不錯的途徑。

　　在你第一次摘取關鍵字的時候，我希望你可以先用自己既有的想法和模式，以直覺來挑選關鍵字。挑選完成後，再觀看我提供給你的關鍵

字挑選建議，比對看看自己有哪些策略跟這個建議一致，哪些策略是你沒有想到的，還有哪些策略是我沒提到，但是你卻發現了。例如，有些人會發現到段落裡面有些文字，一直在解釋某個名詞，所以這個名詞一定是個重要的關鍵字。也有人會發現，關鍵字就是可以放到 Google 去搜尋的名詞，所以就不會是一大段文字。

以下是我在帶領學生練習關鍵字時，在沒有經過訓練的狀況下，學生利用直覺提取的關鍵字：

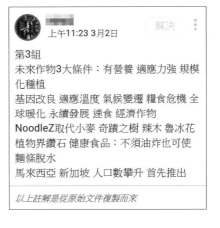

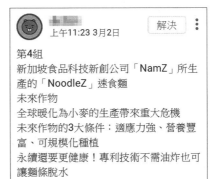

從上面三組的關鍵字來看，我們可以看到第一組所找到的關鍵字，比較適合做進一步的搜尋應用，也是我比較希望看到的關鍵字摘取範例，其他組別就寫得比較冗長一點。不過沒關係，這只是個初稿，我們可以利用接下來提供的工具再來做一次。

　　以下這個心智圖呈現的是我發展出來的關鍵字摘取祕訣，你可以用來思考一下，你摘取的關鍵字是不是符合這些關鍵字的特性。

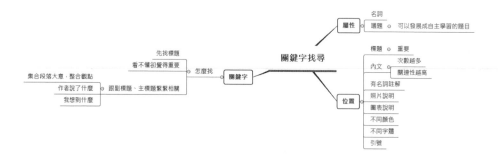

　　我們可以看到一些重點：

◎ 關鍵字在屬性上應該是名詞，而且應該不會那麼長，所以太長的句子應該就可以刪除掉。

◎ 關鍵字可以從標題、內文、註解等位置找到，並且可以依據出現頻率、標示來看出其重要性。例如我們可以從前面練習的文章標題中，發現「台灣油芒」這個名詞是一個關鍵字。

中研院邢禹依團隊跨國研究，揭開台灣油芒身世，期許「台灣孤兒」消滅全球飢餓

by 上下游特約作者 古碧玲 × on 2020 年 04 月 05 日 × in 種好田

◎ 那出現頻率怎麼找？很簡單，利用我們之前教過的 CTRL-F，將你認為的關鍵字放進去，就可以知道它被提到幾次。

◎ 也可以從整篇文章的結構中，找出重要的關鍵字。

接下來你可能還會有個問題：「有了這些關鍵字後，我怎麼把它變成主題呢？」我的建議是可以使用「心智圖」，將你找到的關鍵字用心智圖來組織一下，除了可以方便以後關鍵字的搜尋，也可以將這些關鍵字用連接知識點的方式連結起來，將利用碎片時間找到的資料，迅速加入你整理出來的系統架構，而這個架構，就可作為日後思考「如何規劃主題」的參考。

你或許還是有點困惑，沒關係，我們就來實作吧！我們需要先準備一套心智圖軟體，我最推薦大家使用的是 XMind，在一般電腦及手機都可以使用，彼此間還可以利用雲端空間同步檔案。

XMind 心智圖實作

接下來要帶大家學習心智圖軟體 XMind，我會建議可以直接從軟體中學習，我下載的 XMind 版本是 XMind8 https://www.xmind.net/xmind8-pro/，可以從官網直接下載使用。開啟後，選擇「說明」選項，再選取「歡迎使用 XMind」，就會有非常完整的使用說明可以參考。

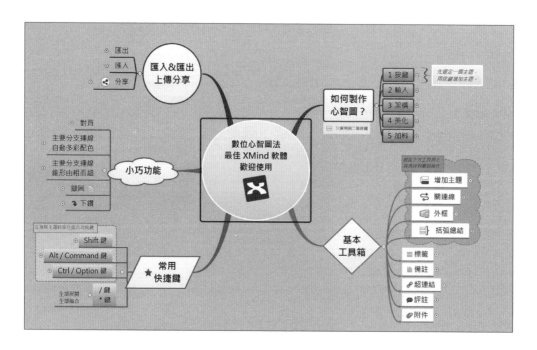

繪製及連結不同心智圖資料

　　這邊先以「空污」這個關鍵字，來進行繪製心智圖的示範實作，至於資料庫應用實作，請參看下一章。

　　首先，我先進入北市圖資料庫下載《天下雜誌》640 期的「電廠降低發電量，真的就能治空污？」一文。以下是我一開始畫的心智圖，此時我會盡量的擴散，將文章中覺得重要的關鍵字都先加在圖中，不去思考整理與歸類，因為在發散階段不需要做這些整理，當然如果遇到非常清楚的項目（像是各種形成 PM2.5 的方式）簡單做一下整理也未嘗不可。

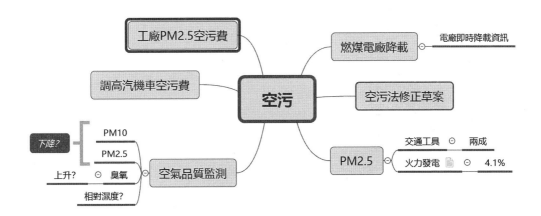

有需要加註的內容，我會在知識節點，例如「火力發電」上，按下 F4 加入備註；在這裡寫得愈詳細愈好，不然過一陣子，有可能會忘了當初加註的想法。

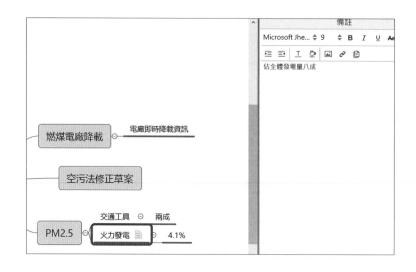

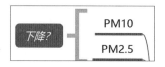

有疑問的部分可以先加入問號，以後再試著找尋其他文章補充。

最後再簡單做一下歸納，例如將相關措施全部集中在一起，這樣就完成了第一張心智圖。

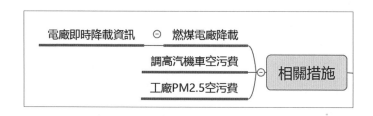

如果可以在第一張心智圖完成「摘錄文章重點」、「發現問題」及「歸納項目」這些工作，就已經抓到用心智圖整理文章重點的基本技巧囉！接著，請繼續閱讀蒐集到的相關主題資料，並且繪製成心智圖，或許也可以發現一些線索，解決你在第一張心智圖中發現的問題。

第二張心智圖，我摘選《康健雜誌》197 期「只要呼吸就不能倖免」一文，因為裡面探討不少 PM2.5 相關的來源，剛好可以連接上我在第一張心智圖發現的 PM2.5 問題，並加深我對這個主題的理解。所以第二張心智圖我就以「PM2.5」當作主題，畫出來的心智圖如下：

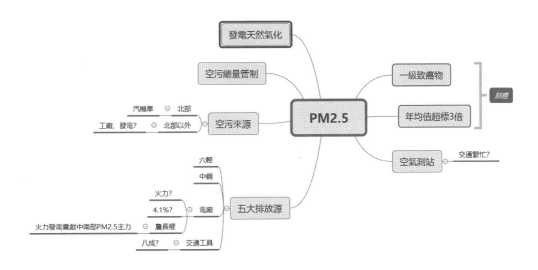

畫第二張心智圖時，依舊是先將我看到的全部重點快速輸入，再適當的透過重組、歸納來整理出來。在撰寫這些項目時，我也會放進我的疑問，以及曾經整理過的類似主題資料。

通常在蒐集研究資料部分，數據會是我比較重視的部分，我會透過和其他的文章交叉比對，還有追溯文章所使用的原始資料，來看看文章資料的真確度。而人名的加入則可以幫助資料滾雪球，像是研究文獻時，除了會去找第一手資料外，有時也會發現特定領域的專家，或許也能從這個專家的相關研究中，找到我們需要的解答。另外，搭配利用社群軟體來追蹤專家的動態，也可能可以找到專家最新且尚未正式發布的研究。

強化心智圖的知識點連結

在繪製一張又一張的心智圖時，你會思考、提取你學習過的內容再和新學的內容比較，除了可以用來連結自己既有的知識，透過知識點連結，還可以用來發展想要研究的知識，讓資料在不斷的提取與安置，逐漸轉變成知識，甚至是行動時需要的智慧。

那麼，該怎麼在許多心智圖中，將相關的知識點連結起來呢？我們需要先做幾項簡單的處理，讓 XMind 變成可以搜尋的檔案：

◎ 把心智圖的特定文字萃取出來，存成一個跟原本心智圖檔名一樣的純文字檔案。

◎ 將檔案丟到 Google 雲端硬碟。

◎ 透過 Google 雲端硬碟搜尋，找到多筆純文字檔。

◎ 找出都有相同特定文字的 XMind 檔案。

◎ 將相同知識點連結起來，變成一份新的心智圖。

以下我們來實作看看，同樣以「空污」相關主題為例。首先開啟一個心智圖檔案。

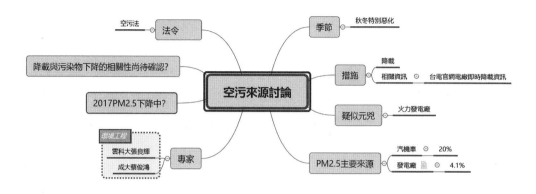

選擇「檔案」然後「匯出」。匯出成「Text 文字檔案」，選擇好後再點選「下一步」。點選「瀏覽」選擇檔案儲存存在桌面上。

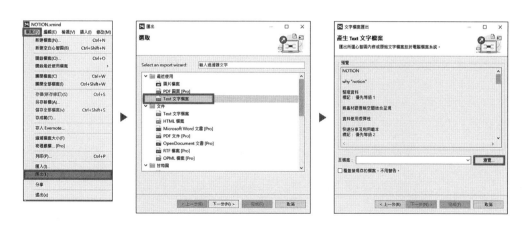

確認儲存位置後，將檔案改成跟 XMind 檔案檔名一致，再選擇「完成」。匯出成功後會出現這個視窗，請點選「開啟」。就會出現純文字檔。

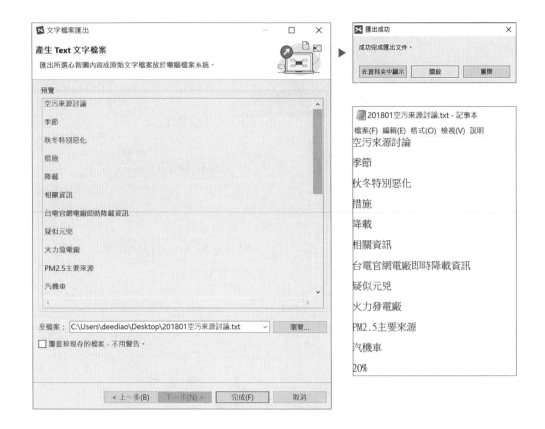

接著將兩個檔案都上傳到雲端硬碟。我們可以把心智圖、文章的 PDF 檔以及純文字檔，都用相同檔名命名後上傳。過一陣子等到資料閱讀有一定量的時候，可以試著使用「PM2.5」做關鍵字搜尋，你會發現，我們會找到一些檔案裡面有 PM2.5 的文字檔，例如下圖的「201801 空污來源討論 .txt」。

還有「201611 秋冬空污季自保 .txt」。

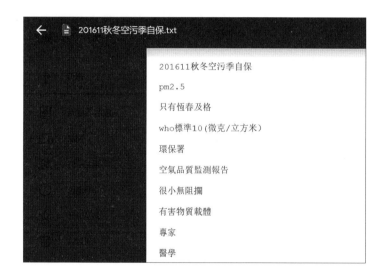

再用檔名回去找，就可以找回以前畫的心智圖，用來理解知識架構，也可以找到原始的文章 PDF 檔，有時候可以在文章內找到一些不錯的圖表。

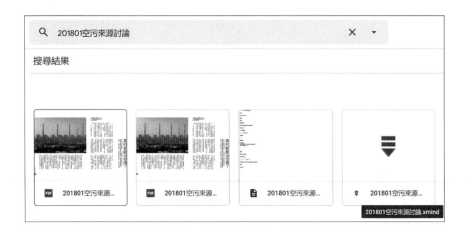

把你找到有PM2.5關鍵字的心智圖都開啟，就可以開始來整理資料。

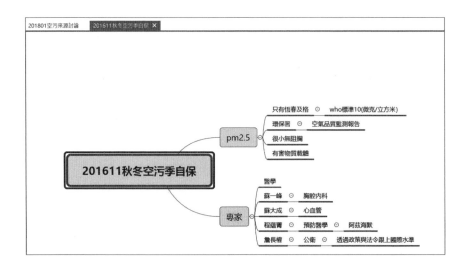

將有 PM2.5 的內容複製起來。

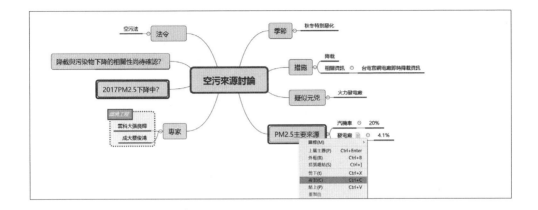

貼在其他 XMind 檔案裡，
有 PM2.5 的知識節點。

透過這樣的方式，我們對以
PM2.5 作為關鍵字這個知識點的
結構會愈來愈清楚，甚至可以從
這張圖延伸，找到可以作為自主
學習主題的題目了。

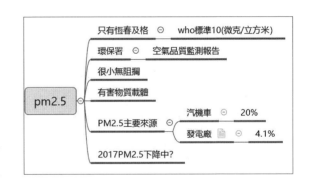

Learn more 隨堂挑戰

學習更深入的心智圖應用，推薦參考晨星出版社出版的《心智圖
筆記術》。

擴充你的資源

6 大數位資源一次掌握，
建立個人專屬資料庫

自主學習任務

任務一：熟悉電子資料庫的操作方式。

任務二：使用 YouTube、Facebook 進行資料篩選，並嘗試更多連結。

任務三：利用 Google 進階搜尋，搭起主題研究的鷹架。

任務四：訂閱 Google 快訊，更進一步使用 RSS 訂閱。

● 1. 電子資料庫

　　透過「大量閱讀」與「關鍵字搜尋」的學習歷程，我們已經找到了自己有興趣的學習方向，可以發展自主學習的核心：關鍵字。接下來我們便可以透過關鍵字，在資料庫裡找到更多相同關鍵字的文章，建構自主學習主題的輪廓。

台北市立圖書館 —— 電子資源整合查詢系統

　　在公共圖書館的數位資源中，我認為資料庫的應用，比起電子書還要重要許多，特別是對於找尋或擴充自主學習主題的閱讀資料來說，資料庫真的是一個蒐集資料的好工具；而且貿然透過搜尋引擎輸入關鍵字找尋資料，如果關鍵字不是非常罕見，那麼便會看到龐大的搜尋結果，也常會令人覺得在茫茫網海中，難以判斷哪些訊息可信、哪些資料可用，即便是找到資料後，也會擔心不夠完整。這時候公共圖書館提供的雜誌、新聞及學術論文資料庫，就可以提供一些較為精準的參考資料，作為搜尋主題相關資料的起點。

　　在台北市立圖書館中有相當多的資料庫，透過你辦好的借閱證，就可以遠端使用；不過也有例外，資料庫限定「館內」使用者，就不能透

過網路遠端使用。以下我就以一般常用的雜誌與報紙資料庫，進一步說明資料庫的應用。

　　進入台北市立圖書館首頁（https://tpml.gov.taipei/）後，點選「電子資源整合查詢系統」進入使用。

　　接著你可以在「索引摘要」類別中，找到我們接下來的教學範例「天下雜誌群知識庫」。請注意，這個資料庫同時只能 10 個人上線，所以如果無法上線，可能是因為有其他人同時在查詢，這樣就得利用離峰時段查詢，或是自行購買資料庫使用權。

☐ 索引摘要	
☐ ..FunPark童書夢工廠數位互動電子繪本	☑ ..HyRead 台灣全文資料庫(操作手冊請點選右方簡介)
☐ ..天下雜誌群知識庫(含天下、康健、Cheers、親子天下)(線上10人版,操作手冊請點選右方簡介)	☐ ..臺灣新聞智慧網 & 報紙影像資料庫(館外用,操作手冊請點選右方簡介)
☐ ..遠見雜誌知識庫(線上10人版,操作手冊請點選右方簡介)	☐ Bartleby.com
☐ Ingenta Connect (西文期刊目次及文獻傳遞服務資料庫)	☐ ※ 中國時報全文報紙影像資料庫（民國80-88年）-國圖共用(限館內)
☐ ※ 中文圖書資訊學文獻摘要資料庫CLISA-國圖共用(限館內)	☐ ※ 報紙標題索引全文資料庫(~2005/12)-國圖共用(限館內)
☐ ※ 文訊雜誌200期紀念光碟電子書-國圖共用(限館內)	☐ ※ 臺灣文獻叢刊-國圖共用(限總館)
☐ 台灣師大圖書館【寒泉】古典文獻全文檢索資料庫	☐ 考選部考畢試題查詢平臺

因為資料庫的數目非常龐大，如果你找了老半天都找不到「天下資料庫」怎麼辦呢？可以在瀏覽器頁面上使用 CTRL+F 鍵，出現搜尋視窗後輸入「天下」關鍵字，就可以輕鬆找到所有包含「天下」關鍵字的資料庫了。

點選「天下雜誌群知識庫」後請輸入你的借閱證號和密碼，接著點選「登入」。

進入「天下雜誌群知識庫」首頁後，就可以輸入關鍵字來進行搜尋，例如我們使用「空污」為例來找尋相關資料。

預設會使用「最新」標籤，你可以看到文章出自哪本雜誌、第幾期的資訊，這個會有助於你在該期報導中查詢到其他相關的資料。

最新	最相關	篩選

隱形冠軍智慧節能　打進「脫煤者聯盟」

擁有全台最大工廠聚落，新北、桃園竟靠低碳生產躍上國際！七七乳加巧克力工廠，把節能列入考績；應鏈不環保就淘汰，台廠怎麼做？
天下雜誌｜2020/06/17｜700期

與地球和好

新冠疫情降溫，但更熱、更多災的世界來了。一次次的天災與瘟疫證明，唯有地球健康，人類才有可能讓我們的子子孫孫，都能永保好山好水好未來？
天下雜誌｜2020/06/17｜700期

你也可以切換到「最相關」的標籤，看看跟你要尋找的關鍵字最相關的內容。

最新	最相關	篩選

誰替台灣換上假藍天？

為何被列管的煙囪，看數據超標都不多，但台灣天空動不動就紅爆、紫爆？《天下》首度以大數據分析工業污染源，追蹤過去一年九個月、近三千萬筆監測數據，揭開藏在台灣天空背後，記載不實、美化作假、掩蓋刪去的祕密。
天下雜誌｜2019/02/27｜667期

自揭空污監測黑幕？聯宙第一手告白

數據是如何造假的？從空污現場追到關鍵人物，發現造假手法從軟硬體都能動手腳。而抓空污相當曠日費時，就算被抓到也是零頭。
天下雜誌｜2019/02/27｜667期

抗癌從空氣品質下手　由企業家變環保家

有家族病史，基因檢測卻找不到與肺癌有關的基因，於是，段行建抗癌從空氣品質下手，他做了什麼抗空污、抗癌的事？
康健雜誌｜2019/04/01｜245期

最右邊還有一個「篩選」的標籤，可以提供更精準的搜尋。例如，我們可以指定要搜尋哪本雜誌？

以及這些搜尋結果要出現在雜誌的哪裡？例如，出現在封面時，當然是重要議題，應該會有較為詳細的報導，不過如果限定只出現在封面，卻找不到資料時，就該換一個欄目或是放寬搜尋的條件。

搜尋條件不限定一個,可以用複合條件來搜尋某本雜誌,也可以指定該關鍵字要出現在哪個區塊。會不會用搜尋的差別就在這裡了,不會用的人就是一個關鍵字打通關,接著就要苦苦的手動篩選資料;會用進階搜尋的人就可以透過各種條件,有效率的篩選出最精確的資料來,因此進階搜尋的做法一定要學啊!

　　另外,如果是在社會議題上,時間會是個重要的變因,如果你的關鍵字或是主題,涉及到法令經常變動、發展日新月異的話(例如:網際網路應用),那麼應該優先搜尋較近的日期,例如可限定時間為過去一年內。

　　搜尋到想要的資料後,直接點選連結進入文章,再點選文章左上方圖示,下載它的 PDF 檔案觀看;這是天下雜誌資料庫非常貼心的設計,提供全文可搜尋的 PDF 格式供使用者閱讀,其他資料庫未必會提供相同的服務。

隱形冠軍智慧節能　打進「脫煤者聯盟」

作者：陳育晟 | 2020/06/17 | 天下雜誌 700 期

下載PDF

擁有全台最大工廠聚落，新北、桃園竟靠低碳生產躍上國際！七七乳加巧克力工廠，把節能列入考績；康舒科技全球供應鏈不環保就淘汰，台廠怎麼做？

去年十二月底，新冠肺炎疫情爆發前的西班牙馬德里，由英國、加拿大政府建立的「脫煤者聯盟」（PPCA）舉辦型冬季氣候一樣暖和。

為什麼要下載 PDF 呢？主要原因有幾個：

◎ 我們前面提到閱讀圖表的重要性，既然記者都幫你整理好圖表了，加上一張好圖表可以瞬間讓人理解幾十頁文字表達的東西，這種資料怎麼可以不收錄呢？但是純文字資料庫是無法顯示圖表的，所以你必須下載 PDF 檔，觀看精采的圖表。

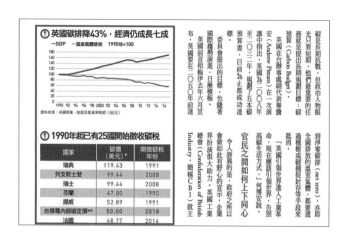

下一步是「建立自己的資料庫」還有註記。可以點選以下的圖示將 PDF 下載至自己的電腦或是平板，就可以離線觀看，或是丟入雲端硬碟備用。

　　把 PDF 檔丟入 Google 雲端硬碟後，就可以在雲端硬碟打開檔案觀看，並且使用註記功能。和傳統 PDF 註記軟體的差異在於，這是個雲端註記系統，只要有網路，你可以走到哪裡工作到哪裡，不必安裝特定軟體。另外也可以跟別人協同註記，這是十分重要的功能，也是未來重要的協同工作型態。打開文件後點選「＋」按鈕開始註記。

　　接著按下滑鼠左鍵拖曳選擇要註記的區域，輸入註記文字。

最後，還有一個很特殊的功能：全文搜尋。當你把這份文件丟入 Google 雲端硬碟，過一陣子它便會建立索引，接著你就可以對這份文件搜尋。例如輸入「電廠」，就會搜尋到我們剛剛丟進去的文件；這是使用全文 PDF 檔來建立資料庫，所具備的最強大功能。如果所有的雜誌相關資料庫，都可以提供這樣的功能，個人知識管理系統的建置將更加便利。(不過要注意直排多欄的雜誌沒有辦法使用這個功能，比較適合橫排的雜誌應用。)

除了雜誌資料庫外，報紙資料庫也是很棒的參考資料。而且台北市立圖書館的報紙資料庫可以「館外使用」，比起其他多數圖書館通常限定只能館內使用，多了幾分便利性。

在眾多報紙資料庫裡，我推薦的是「聯合報原版報紙資料庫」，你可以看到它限定線上 9 人版！所以如果暫時登不進去，就要找夜深人靜的時候再試試看囉！

☐ 報紙
☐ .. 原版報紙資料庫(3報9人版，操作手冊請點選右方簡介)

在搜尋框輸入關鍵字「空污」，預設會先搜尋「聯合報」的內容，接著就會出現相關的報導。也可以切換標籤，找尋不同報紙的報導。

如果畫面看不清楚，或需要適當的放大縮小，可以點選＋號放大鏡圖示來調整大小。也可以選定你要列印的部分，進行列印。

框選完再點選「YES」進行列印文件。

對於喜歡科學的同學來說，「科學人」應該是一本很多自然老師都會推薦的科學雜誌。但是要讓大家都能一邊看雜誌一邊慢慢選擇主題，就實際面上來說，學校經費可能無法供應這麼多數量。因此建議大家可以使用國立公共資訊圖書館的數位版，不僅可以讓多人同時使用，也能以關鍵字查閱各期報導，查到的文件也可以用 PDF 離線存檔，幫助建立自己專屬的個人資料庫。

但個人申請不是那麼方便，當你透過線上辦證後，還要透過網路或是郵寄，來處理一些個人識別用的資料，處理上也會花上不少時間，就算是團體申請，要整合學生及教職員工資料也很麻煩。期待日後館方積極參與教育部建置的 OpenID 計畫，用全國中等學校以下師生都有的 OpenID 來認證會方便許多。

Hyread Journal 台灣全文資料庫

關於學術論文資料，一般碩博士生會比較推薦「台灣博碩士論文知識加值系統」資料庫，不過對於高中學生來說，我覺得以期刊為主的「Hyread Journal 台灣全文資料庫」在難度上會更適中一些。

在這裡也是透過輸入關鍵字的方式來找尋資料，我們同樣以「空污」關鍵字為例，輸入後點選放大鏡查詢。

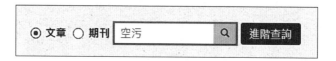

依據文章與關鍵字的相關性，可以做適當的排序，讓你找出跟關鍵字最相關的文章。

「如果我們要找比較新的文章要怎麼搜尋呢？」我們可以使用「縮小查詢」來處理，可以在「縮小查詢」的右方下拉式選單選擇「出版日期」，接著輸入「2020」，再點選查詢。

你會發現與關鍵字相關，且在 2020 年的資料只有 44 筆，大幅降低了必須看的資料數目。那麼如果我要查的是從某幾年之間的資料呢？只要點選「進階搜尋」。

輸入關鍵字，確認檢索條件為「篇名」。我選「篇名」的主要原因，是因為出現在篇名的關鍵字，跟你想找的資料相關度會比較高，而且我們自主學習的時間不多，所以閱讀文獻的時間也要適當的分配，初始資訊量最好不要太大，後續還有依據參考文獻再去追查的資料，會源源不斷而來。

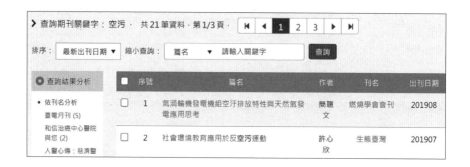

透過這樣的搜尋，我們找到了三年間共有 21 篇資料，資料量大幅縮減了一半。

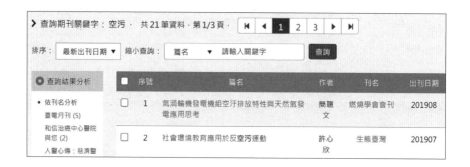

有時候我們也可以直接依據「刊名」來搜尋想找的資料。例如，想找的資料是關於環保方面的空污議題，那麼當你搜尋「空污」時，左邊出現的刊名「生態臺灣」應該會比較符合需求。

點進去看看，如果文章符合需求，也可以用這個方式得到核心閱讀的資料。

有了這三個電子資料庫，不再受到實體閱讀資源上的限制，我相信大家的參考資料應該會更為豐富，在自主學習的過程中，也能寫出比較完整有系統的論述。

⦿ 查詢結果分析
● 依刊名分析
臺電月刊 (52)
生態臺灣 (44)
經濟前瞻 (40)
卓越雜誌 (27)
燃燒學會會刊 (27)
禪天下 (25)
臺灣鑛業 (16)
消費者報導 (15)

2. YouTube
影片分享網站

　　處在這個萬物相連的時代，尋找資料的路徑自然也該有所調整，資料呈現的方式已不再只是文字和圖片，可以蒐集資料的地方，也不再只限定在正式的學術出版品上。就像以下這張圖所顯示的資料蒐集途徑，從各式社群軟體、影音網站、網頁、新聞快訊、RSS，都可能出現跟你的關鍵字相關的資料。我們可以從這些途徑擷取到適當的資料，藉此來完備資料蒐集的完整程度，也可以慢慢建立起自己獨特的資訊來源管道，顯示與他人的差異。

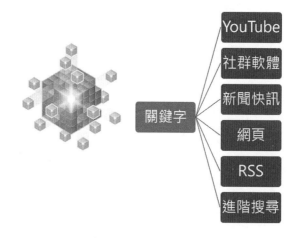

進入 YouTube 網站應該是最沒有難度的，連小朋友都可以快速上手，所以我把實作重點，直接放在資料篩選以及連結上。如果我們有個關鍵字叫做「SDGs」（中譯：永續發展目標），只要給出關鍵字，應該大家都可以知道如何在 YouTube 找到相關的內容。但是，有些議題會一直演進，觀念也會變化，如果想找時間比較近的資料要怎麼找呢？

這時候就需要篩選器了。只要點選「篩選器」就會出現可以做進階篩選的選單，預設的排序依據第一是「關聯性」。

上傳日期	類型	片長	屬性	排序依據
過去 1 小時	影片	短片 (不到 4 分鐘)	直播	關聯性
今天	頻道	長片 (超過 20 分鐘)	4K	上傳日期
本週	播放清單		HD 高畫質	觀看次數
本月	電影		字幕	評分
今年	節目		創用 CC	
			360°	
			VR180	
			3D	
			高動態範圍	
			位置	
			已購買	

如果我們希望找到有關聯，且上傳日期在一年內的資料，我們就可以在「上傳日期」裡加入「今年」這個篩選項，不過要注意是上傳日期喔！未必是發生的時間，還是得要再確認一下

篩選器				
上傳日期	類型	片長	屬性	排序依據
過去 1 小時	影片	短片 (不到 4 分鐘)	直播	關聯性
今天	頻道	長片 (超過 20 分鐘)	4K	上傳日期
本週	播放清單		HD 高畫質	觀看次數
本月	電影		字幕	評分
今年	節目		創用 CC	
			360°	
			VR180	
			3D	
			高動態範圍	
			位置	
			已購買	

也請你打開「自動播放」的選項，位於網頁右上角，這樣子它會依據關鍵字找到相關的影片。

如果你看了幾部影片後，覺得這個頻道的影片能夠符合你的需求，那就透過訂閱來掌握它最新的動態吧！因為你找到了你有興趣的頻道，以後他

也會提供你更多相關的資源，這個就是我前面說的「連結」。

除了訂閱，YouTuber 通常還會提醒你要「打開小鈴鐺」。按下訂閱後，就會看到小鈴鐺。

點選鈴鐺，再選擇「全部」，以後它只要有更新就會寄到你的電子郵件通知你囉！不過要記得使用 YouTube 前必須先登入喔！不然它不會知道你的電子郵件！

3. Facebook 社群網站

　　社群網站也可以蒐集資料？對於老一輩的研究者來說，這些社群服務比較像是會消耗注意力，讓人玩物喪志的地方。但是，我可以非常肯定地說，如果用得好，這些社群服務絕對可以提升不少專業能力，找到更精準的知識來源。例如，台灣重要的資訊教育社群「教育噗浪客」，就是崛起於當時提供群聊的「噗浪」社群網站。後續 Facebook 興起後，也可以在上面找到許多不錯的資源；如果外文能力還不錯，也可以試著用 Twitter。接著我來分享一些這些社群的應用，這裡的應用也可以從「連結」來思考。

　　可以從一個人開始；例如，我之前研究 PM2.5 時，就從許多的報導中發現「莊秉潔」教授的名字，所以我就把這當成一個重要的關鍵字。剛好莊教授也有用 Facebook，所以我就追蹤了他，當時追蹤莊教授一方面是因為環保議題，另外一方面也是看到許多替代能源的論述，剛好這兩方面對我教導社會科都有幫助，所以也就能從莊教授的 Facebook 中，跟相關的資源產生「連結」，而且我發現莊教授發文還滿頻繁的，所以在這裡追蹤到的訊息，比起在 YouTube 看到的演講更新更快，重點是，還有機會透過私訊發問，也就延續了我們上一個單元講的，利用虛擬科

技，延伸實體人脈的想法。例如我就在莊老師的臉書看到一篇，關於離岸風電與海洋生態保護相關的文章。

讀了這篇文章後，我還會點入這個社團多讀幾篇文章，如果覺得可以納入我的系統知識架構（環保）時，我就會參與這個社團，一方面接收訊息，另外一方面與社團的臉友討論相關知識，就像是在某些議題上多了很多專業老師，而且是專業性很高的討論，對自己的學習會有一定的幫助。

不過還是要提醒一下，網路上討論需要保持禮節，不要過於情緒化、甚至淪於不理性的謾罵。因為網路留言只要留過很容易留下紀錄，甚至可能會有法律責任，這都是要注意的。另外，沒有必要的話，最好不要跟網友私下見面，特別是高中以下學生。如果真的需要進行一些探討，可以要求大人一起陪同前往，會比較安全些。

　　除了人名之外，我們也可以用關鍵字。例如，我也很 喜歡「老屋」，輸入「老屋」搜尋，可以看到許多社團；我比較喜歡利用社團蒐集資訊，因為互動性較高，訊息來源也比較多元。如果是公開的社團，可以先觀看一下發言再決定是否加入，至於私密性社團，則需要申請加入後才能看到裡面的內容，不過也沒關係，如果覺得屬性不合時也可再退出。

另外我也建議可以試試用「文案」當作關鍵字來搜尋社團，能找到不少以文案討論、分享為主的社團，透過對文案的研究，可以學會如何透過簡短文字吸引人觀看，這對於多元學習表現中，摘要說明文字的撰寫會有很大的幫助。

不論是社群網站，或是網路上的專業論壇，都是特定議題研究者取得相關資訊的重要管道，所以建議都可以試試看。不過也要提醒大家，使用社群網站的過程要避免過於沉迷，以免未得其利反蒙其害，這樣就不是我們設定以社群服務作為資料來源的初衷了。

# 4. Google
進階搜尋

這邊我們要來特別講一下「搜尋」，而且是一般人很少用到的「進階搜尋」，很少用到並不意味不好用喔！為什麼要學習「進階搜尋」呢？基本上是希望藉由進階搜尋，讓大家試試看能不能找到可以參考的範本。

舉例來說，可能學生想要做一個關於「黑洞」的主題，也透過我們前面的方法，蒐集了許多的資料，但是要如何把這一堆資料，整理成一個有架構的主題研究呢？這對不擅長整理資料或是做報告的學生來講，是件很困難的事情。所以建議大家試著從網路上找看看有沒有可以參考的範本，藉此當作鷹架，讓大家比較不會害怕主題研究的撰寫，避免會有很大的挫折感。

Google 提供的進階搜尋網址是 https://www.Google.com/advanced_search，圖片的進階搜尋網址則是 https://www.Google.com/advanced_image_search，接下來講解主要是以網站搜尋為主。

一進入網站，有時候會被密密麻麻的欄位嚇到了，不用怕，我們一個一個來看。我先設定如下：首先在「含以下所有字詞」欄位裡輸入關

鍵字「黑洞」，接著再設定一下「檔案類型」；一般來說，多數人會用
Powerpoint(ppt) 做簡報，所以我會先用這個格式找找看，如果找不到資
料，那就換一種格式吧！有時候學術單位也多會使用 「PDF」格式。設
定完成後，請按下右下角的「進階搜尋」來進行搜尋。

頁...	
含以下所有字詞：	黑洞
與以下字詞或語句完全相符：	
含以下任何字詞：	
不含以下任何字詞：	
數字範圍從：	到

然後依以下條件縮小搜尋
範圍...

語言：	不限語言 ▾
地區：	不限國家/地區 ▾
上次更新：	不限時間 ▾
網站或網域：	
關鍵字出現的位置：	網頁中的任何位置 ▾
安全搜尋：	顯示最相關的搜尋結果 ▾
檔案類型：	Microsoft Powerpoint (.ppt) ▾
使用權：：	不限使用權 ▾

進階搜尋

搜尋出來的結果，如果在標題上方有出現「PPT」標籤，就表示有PPT 檔可以下載觀看。

Google and the Google logo are registered trademarks of Google LLC, used with permission

　　要改成 PDF 也很簡單，只要稍微變動一下搜尋文字，手動將「filetype:」後的「ppt」改成「PDF」，再搜尋一次，就可以找到很多資料囉！

Google and the Google logo are registered trademarks of Google LLC, used with permission

5. Google 快訊

前面幾個章節，我們一直在做同樣的事情，那就是「探索自我」、「發現興趣」、「找出關鍵字」。也就是說，不管是透過大量閱讀雜誌及使用資料庫，找到一些有興趣的文章，並從文章中找到一些關鍵字，還是透過線上影音平台（例如：TED）找到有興趣的類別，再從類別的影片裡找到一些有趣的關鍵字，這些學習的過程，我們都持續在建立自己的關鍵字，並且試著慢慢由關鍵字的連結與聯想，來形成自己的自主學習主題。即便你是在 OCW 或是 MOOC 學習比較完整且系統的課程，過程中還是會一直不斷接收到新的關鍵字，並且有機會從關鍵字延伸到主題的學習。

這些已經建立的關鍵字，我們怎麼好好的利用它，有效地建立我們的系統知識呢？解答就是「主題資訊的訂閱」，我們可以透過訂閱資訊的方式，搜集有這些關鍵字的網路內容，再將它整合到我們從這個關鍵字衍生的系統知識架構中。以往我們利用關鍵字找尋資料的方法，幾乎都是透過主動搜尋來獲得資料，有沒有想過，有一天我們只要做過一次設定，後續就可以讓 Google 協助我們找尋網路上特定的資料呢？

「Google 快訊」就是這樣的服務，只要將關鍵字設定好，Google 就

會主動且長期的到網路各處找尋和關鍵字相關的資料，除了節省時間之外，也幫助我們累積更多特定領域的相關參考資源。搭配上 AI 翻譯服務，降低語言形成的門檻，有機會讓自己撰寫出相關自主學習成果，呈現出與他人不同的面貌，增加自己成果的獨特性，讓自己更容易被看見。

「Google 快訊」設定方式很簡單，只要先在 Google 搜尋輸入關鍵字。接著切換到「新聞」頁籤。

將頁面滑動到最下面，一直到看到右下角有「建立快訊」的連結，但如果你是用手機瀏覽，要記得改用電腦模式檢視，才會出現這個選項。

輸入關鍵字「SDGs」，就已經可以看到許多新聞了。不過，我要帶你做更多設定，來找到更多可以用的資料網頁。請點選「顯示選項」，裡面有很多細項設定，以下我來示範說明一下相關的設定方法。

頻率：一天一次差不多，會用電子郵件的方式通知你。（所以要記得先登入 Google 喔！）

來源：預設為新聞，如果你發現某種來源的資訊量多一點，也可以調整，或是就直接選「自動」。

語言：建議選「不限語言」，可以得到更多的資訊。而且因應你想學習的主題，可能可以藉此思考調整一下，例如「SDGs」的日文資料還

滿多的，如果你只限定中文就太可惜了。如果你想搜尋的關鍵字是中文，建議也將它翻譯成英文，並且訂閱英文關鍵字來增加資料來源。

地區：跟語言選項一樣，建議也不要限制。

數量：選擇預設的「最佳搜尋結果」，不然資料量多但是卻沒有切中主題，多而無益。

傳送至：只要在有登入電子郵件下使用「Google 快訊」，搜尋結果就會主動寄發到你的電子郵件。

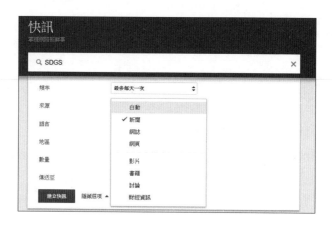

設定完成即可看到剛剛建立的快訊，往後可以直接進入 Google 快訊：掌握網路新鮮事（https://www.Google.com.tw/alerts?hl=zh-tw）網址，隨時調整相關內容。

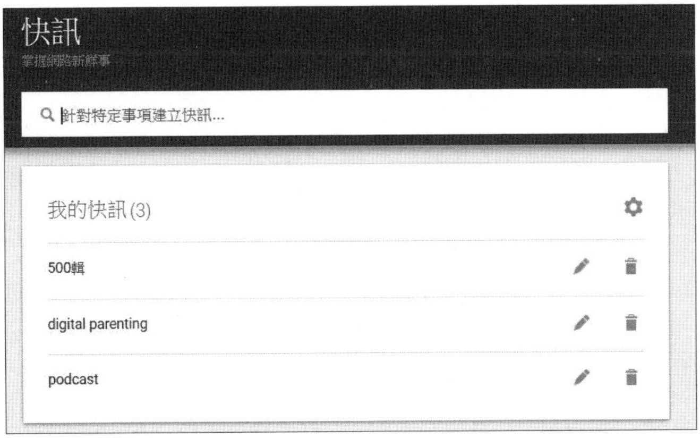

進一步還可以點選小齒輪圖示，設定「接收時間」和「摘要」。

由於沒有設定語系，遇到英語和其他國家語言的資料該如何處理？像以下這樣的網頁，就會讓英語閱讀能力不是那麼好的人一整個焦慮啊！

不用擔心啦！這幾年的資訊科技，在「翻譯工具」這一塊也有長足的發展，翻譯出來的內容愈來愈像樣。下面就跟大家介紹一下，我目前使用的翻譯工具 DeepL (https://www.deepl.com/home)，應用了人工智能，翻譯的內容令人超級滿意的。

做法是透過它大概翻譯一下文章的內容，再稍微檢查一下文章唸起來是否有不通順的地方，修改完後就可以成為自己參考的資料來源。雖然它目前在中文部分僅能夠翻譯出簡體中文，不過，透過簡單工具我們

也可以很輕易的將其轉換成繁體中文。請輸入 DeepL 網址 (https://www.deepl.com/home) 後,點選「現在翻譯」。

接著把來源文字複製起來。

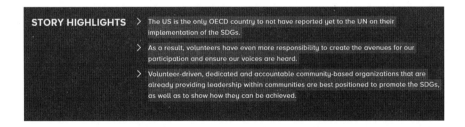

回到 DeepL 貼上，很快地就可以看到英文已經翻譯成簡體中文。再將簡體中文文字複製起來，貼到 Google 文件（或是任何一種可以轉換成繁體中文的文書編輯軟體）。

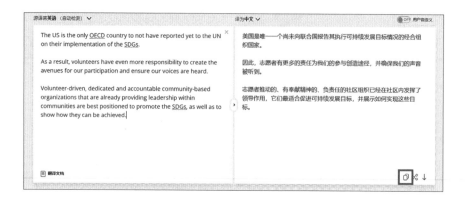

點選選單的「工具」選項，再點選「翻譯文件」。

設定翻譯成「繁體中文」後點
選「翻譯」，就可以把整個文件翻
譯成繁體中文。

翻譯出來的內容也很不錯，之
前我翻譯一篇文章時，甚至還有成
語，而且翻得好道地，讓我也不敢
小覷它的翻譯實力。

美國是唯一一個尚未向聯合國報告其執行可持續發展目標情況的經合組織國家。

因此，志願者有更多的責任為我們的參與創造途徑，並確保我們的聲音被聽到。

志願者推動的、有奉獻精神的、負責任的社區組織已經在社區內發揮了領導作用，它們最適
合促進可持續發展目標，並展示如何實現這些目標。

Learn more 隨堂挑戰

請練習將自己找到的一個關鍵字翻譯成英語，並且用
Google 快訊訂閱，再將接收到的英語訊息，利用 DeepL
翻譯工具翻譯成中文。

6. RSS 訂閱

　　除了訂閱 Google 快訊之外，還有一些其他方式可以建立自己專屬的資訊來源，其中我最推薦的就是 RSS(Really Simple Syndication)，是一種訂閱機制，只要有提供 RSS 的網站，一旦有更新內容就會提供給使用者觀看。我們可以使用 feedly (https://feedly.com/) 這個服務來訂閱 RSS，它同時提供網頁與手機 App，使用起來非常方便。

　　怎麼知道要訂閱哪些網站？哪些網站有提供 RSS 訂閱呢？首先，可以利用 Google 快訊找到一些網頁，如果其中有某些網站提供的資訊是經常會用到的，那麼這些網站就可以列為訂閱的候選清單。至於如何知道哪些網站有提供 RSS 服務呢？這就得實際操作一下給大家看囉！

　　進入 feedly 首頁，點選「LOGIN」。

使用 Google 登入，選
擇你要用來登入的帳號。

登入後會看到網站有提
供一些範例，讓使用者先行
探索。

　　不過，前面提到，預設是要先使用在 Google 快訊中找到的網頁，作
為 RSS 訂閱的候選名單，因此，這時我們要進行查詢的動作。例如，前

面找到一個很棒的農業網站「上下游」，主要的內容都是在思考台灣農業的危機與機會。想知道這個網站有沒有提供 RSS 訂閱呢？把網址複製起來吧！選取網址，然後點按滑鼠右鍵，再選擇「複製」。

在 feedly 的搜尋框裡貼上網址，這時會看到 SOURCES 裡有個「上下游 News&Market」的選項，請點選它。

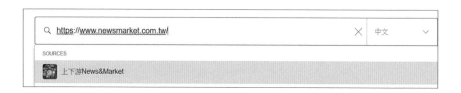

除了找到「上下游」的資源之外，你也會發現其他提供 RSS 服務的
類似網站。

上下游News&Market   SIMILAR SOURCES   FOLLOW

newsmarket.com.tw

上下游News&Market（新聞市集）是一個關心農業，以及
友善土地議題的社會企業，我們主要推動下面三項工作：

- 花藝師真情告白＋教學片 03》林正岳：以花卉表達無法言說的思…
- 除草劑噴紅豆11》農委會大幅參考拜耳出資研究，無視利益衝突，…
- 固殺草事實查核01》德國官員打臉台灣藥廠與官方，證實「固殺草…

3K   11

followers   articles per week

公民行動影音紀錄資料庫   SIMILAR SOURCES   FOLLOW

civilmedia.tw

這是公民行動影音紀錄資料庫的推特帳號，立即加入了解
台灣社會運動大小事。目前由@benla跟@Portnoy更新。

請點選「FOLLOW」來訂閱，按下「FOLLOW」後還會出現一個用於分類的「NEW FEED」的選項。

因為「上下游」主要探討農業，所以我給個「農業」的類別名稱，再點選「CREATE」。

出現「FOLLOWING」，就表示已經訂閱囉！

上下游News&Market
newsmarket.com.tw

SIMILAR SOURCES　FOLLOWING

回到主頁我們可以看到頁面左邊的「FEEDS」，會出現「上下游 News&Market」的項目，右邊的數字表示最近有10篇更新的文章（有時我也會退訂，通常是網站幾乎都沒有在更新訊息的時候）。

只需要利用零碎的時間，就可以觀看到網站有什麼更新的訊息，透過簡單的摘要陳述，也可以評估需不需要花更多時間去觀看全文，真是十分便利的服務。我也會在讀完文章後作適當的摘錄內容，或是將網頁做成 PDF 放進雲端硬碟，當作隨時可以搜尋的資料庫。

點選摘要可以直接進入文章，如果想要在網站上觀看文章，則可以點選文章標題。

想讀的文章都看過後，還剩一堆不想讀的文章怎麼辦？可以點選「MARK ALL AS READ」，這樣就快速讀完囉！因為這裡我們只是需要蒐集資訊，所以沒有必要每篇文章都細讀，只要挑自己有興趣的就可以了。

你會看到網頁會出現 ALL Done 的畫面。

如果想再加一些來源，要從哪裡進去呢？可以點選頁面左邊的「+」號，這裡可以加入新的資料來源。

也不一定要輸入網址，可以直接輸入網站名稱，例如「社企流」，一個以介紹社會企業為主的網站，提供大量國內外例子，適合想作公益事業，又想取得適當盈利模式以讓利組織發展的使用者。

同樣的，也能看到很多類似的網站可以訂閱。

社企流RSS
seinsights.asia
SIMILAR SOURCES FOLLOW

- 不依賴冷氣也能度過炎炎夏日？「綠適居協會」用兩招讓你避暑又⋯
- 科技賣菜商──菜蟲農食打造不一樣的農業供應鏈，促進從產地到⋯
- 紙杯中的塑膠淋膜成回收阻礙！中華紙漿打造「全紙回收食品容器⋯

1K   10
followers   articles per week

NPOst 公益交流站
npost.tw
SIMILAR SOURCES FOLLOW

NPOst 公益交流站 是台灣數位文化協會的公益素養推動及
新內容媒體計畫。我們希望成為非營利組織的發聲管道，

- 【活動幫推】白蘭 x Impact Hub｜媽媽夢想勇敢 GO 計畫開跑！
- 【活動幫推】弘毓社會福利基金會──新住民女性倡議系列活動
- 【徵才幫推】台灣伴侶權益推動聯盟誠徵夥伴 2 名

或者你也可以用「標籤（Tag）」來
找尋相關可以訂閱的網站，以「社企流」
來講，總共符合 4 個標籤，我選其中一
個「news」來找尋內容。

RELATED TOPICS

news   # 社會企業
社會   # 雜誌
tech

可以看到許多國內外新聞，有些是台灣本土的新聞媒體，有些是國外媒體的中文版。透過這個服務，即便你的外文閱讀能力不是很好，透過國外媒體的中文版，就不會讓自己的新聞來源，完全鎖在台灣本土的媒體上，因此也比較有機會從其他不同的觀點看同一件新聞的詮釋，廣義上來講，這也是學習多元思考的好素材。

從 Google 快訊我們找到的資料多數是網頁，如果是這樣的資料形式，你會怎麼收藏它呢？用書籤（我的最愛）？直接印出來？還是你想試試我的做法，把它變成 PDF 後放在雲端硬碟，作為以後你自己做全文檢索時的資料庫。

你可能要問：用 Google 文件不行嗎？為何一定要用 PDF 格式呢？我使用 PDF 最主要的理由是網頁有時候會有比較複雜的編排，進入 Google 文件通常版面會亂掉，變得不易閱讀；當你有一天要印出來觀看時，更會慘不忍睹。

用 Print Friendly & PDF 將網頁做成 PDF

我們做一份文件的保存時，用什麼工具都好，但是要思考的是自己日後使用的情境，以及這樣的文件如果需要傳遞給別人，就也要思考到多數人使用的環境。

接著我就用我自己在親子天下寫的一篇文章，來說明怎麼將網頁做成 PDF。這篇文章裡有圖片還有文字，另外也有一些文章以外的訊息。

你會發現，處理成一個 PDF 檔的時候，會變成一份版面非常乾淨的文件。

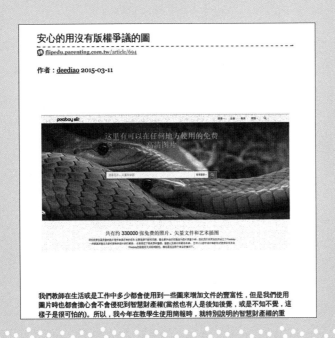

這個工具在哪裡？請你使用 Chrome 瀏覽器，找到「應用程式」這個按鈕。按下這個按鈕，網頁會出現「線上應用程式商店」的圖示，請點選。

在線上商店裡輸入「Print Friendly」關鍵字。

找到「 Print Friendly & PDF」這個應用程式，請點選「加到 Chrome」，將它加入 Chrome 瀏覽器中。

點選「新增擴充功能」。

工具列會出現一個小圖示，告訴你已經安裝完成囉！

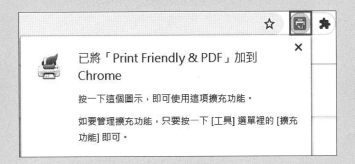

如果沒有出現，請點選「擴充功能」圖示，就可以找到它。

接下來我們要開始使用，首先是找到想轉成 PDF 的資料網頁，點
選 Print Friendly & PDF 按鈕，就會出現以下畫面。

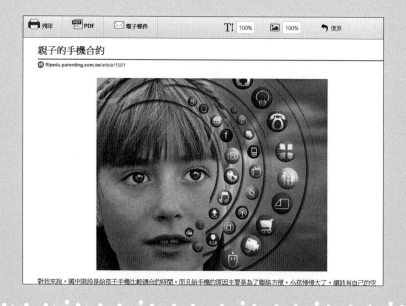

這時可以稍作微調，例如，有些圖片不是那麼重要，可以點選一下圖片，會出現一個垃圾桶和黃色區域，點選垃圾桶，就可以將這個區域的內容刪除，微調完成後請按下上方的「PDF」按鈕。

再點選「下載您的 PDF」，就完成 PDF 檔案的儲存囉！

就算網頁裡面有連結，變成 PDF 也可以點選使用喔！

對我來說，國中階段是給孩子手機比較適合的時間，而且給手機的原因主要是為了聯絡方便，小孩慢慢大了，總該有自己的空間，父母，只會提供安全的守護，也就是這樣而已。但是一支手機的給予不只是一種贈送，連帶的也給了孩子一份責任，什麼責任呢？這個責任包括了如何管理自己與善用工具。

身為一個教育科技的資深研究者，我確實知道手機雖然是個很好的資訊工具，但是不當使用也會帶來相當的危害。為了避免這樣的狀況，我認為親子間訂立一個適當的使用契約是有必要的。在美國的mycrazygoodlife網站上就提供了一份很棒的契約，應該可以給不知所措的父母一些建議

http://mycrazygoodlife.com/cell-phone-contract-for-kids/

我簡單摘譯這份資料的條文如下

1.家人相聚時，不要用手機玩遊戲、打字、上社群軟體

2.不要邊走邊用手機

接著我們可以把這個 PDF 檔案丟到雲端硬碟上去。

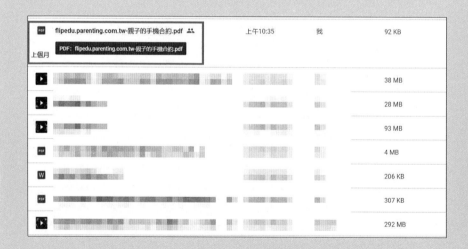

並且稍等一下，讓 Google 對文件建立索引檔。為了要驗證如此做法可以對文件作全文搜尋，我不用檔名來搜尋，而是用文章中某段文字來搜尋，例如「使用契約」。在搜尋列輸入「使用契約」後，果然就可以找到文件囉！

透過應用程式 Print Friendly & PDF 將網頁變成 PDF，可以保存住既有版面編排，再將網頁儲存至雲端硬碟。並且透過雲端硬碟提供的搜尋功能，為 PDF 檔建立索引，讓雲端硬碟變身成隨時可查詢的資料庫，讓研究資料的調閱更有效率。

用 Google keep 提取網頁部分內容做成 PDF

除了將網頁整頁做成 PDF，有沒有辦法僅提取網頁的部分重要內容作成筆記呢？有的，我們可以使用 Google 的 keep 服務來當作摘要的工具。

這個工具的優點有：

◎ 除了是一個筆記工具之外，還是一個非常棒的隨身記錄軟體（有 App），可以讓你用說的、用畫的、用輸入的來記事，還可以將圖片中的文字擷取出來，變成可以用的純文字，而且能迅速同步到雲端，是我超級推薦的手機必備 App 之一。

◎ 做成筆記後可以一鍵變成 Google 文件。只要變成 Google 文件就不會占用你的 Google 雲端空間，所以理論上可以存非常非常多的東西。不過要注意的是，Google 文件單一檔案大小限制；Google 的技術文件顯示最多只能包含 102 萬個字元；由文字文件轉換成的 Google 文件，大小上限則是 50 MB。

Google keep 的網址在這裡：https://keep.Google.com/，我們要拿它來當作網頁筆記工具時需要安裝一個 Chrome 套件；請在搜尋框輸入「keep」找到「Google Keep Chrome 擴充功能」後，點選「加到 Chrome」。

點選「新增擴充功能」。

出現右方這個畫面時這個畫面時，表示已經設置好這個擴充功能。

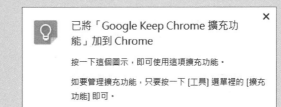

找到你要摘錄筆記的網頁，將要摘錄的文字反白起來，在反白的地方按下滑鼠右鍵，選擇「Google Keep Chrome 擴充功能」，再選擇 「Save selection to Keep」，就可以把這段文字存進去Keep 裡。

如果在同一個頁面摘錄第二段文字呢？同樣的摘要做法再做一次。

另外一個是oxford出的電子繪本，資源也很多，還可以依照年齡（不過國內學童狀況要稍微下修一下年齡）找到適當教材

複製(C)

透過 Google 搜尋「另外一個是oxford出的電子繪本，資源也很多，還可以依照年齡（不過國內學童狀

列印(P)...

也是超優的阿！

Save selection to Keep

推薦給大家喔！

檢查(N)

★給關心下一代教育

它會很聰明的將兩段整合在同一個文件裡。圖片也可以存，不過要選擇「Save Image to Keep」。

圖片也會跟文件整合在一起，通常會出現在文件的上方。儲存圖片可以一次存很多張喔！

接著把它轉到 Google 文件去，請點選畫面右下角圖示「在 Keep 中開啟」。

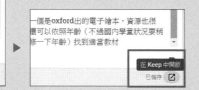

這時會到 Keep 服務畫面，你會發現擷取資料網頁的網址也在上面，不用擔心過了一陣子後會忘記資料從哪裡摘錄出來的。

接著請點選下面「三個點」的按鈕（在 Google 系統裡，包括在手機上的使用，三個點與三條線，都表示下面還有其他選項），選取「複製到 Google 文件」。

等到下面畫面出現，選取「開啟 Google 文件」。

順利完成 Google 文件囉！

說明　上次編輯是在數秒前 (編輯者：匿名)

https://flipedu.parenting.com.tw/article/396

一個是chrome瀏覽器裡面提供的資源，您必須要先有google帳號才可以使用喔！裡面的繪本有18本免費的，畫風簡潔有力，配樂也很專業，真是超給力阿！

5

整合你的計畫

自主學習計畫撰寫實作

自主學習任務

任務一：利用 Google 簡報搭鷹架。

任務二：嘗試撰寫自主學習計畫。

● 基礎篇：
搭鷹架，建立學習目標

接下來要來寫自主學習計畫了！一般來說，通常都會先寫計畫動機，再寫學習目標，但是實際上，有時候你會發現，很容易在計畫動機這一步就卡住了，甚至試著找到一堆資料，也可能還是不知道，到底為什麼要做這自主學習計畫。那怎麼辦呢？我的建議是或許我們可以先寫學習目標，再由學習目標往前推導，就可以找出動機。

不過，你可能覺得還是不夠具體，以下我們就提出具體的範本來學習。這邊要感謝高雄市瑞祥高中，一路上提供許多資料參考，其中，他們的自主學習計畫，對於學習目標的引導，做了很好的具體描述，大家可以延伸思考對自己的幫助：

① 學習目標與目前校內既有的課程或學習，具有哪些延伸、擴充的相關性？
② 學習目標可提升自我哪些能力？
③ 學習目標預期要完成什麼「量化」結果？

藉此，他們也舉出了非常好的學習目標範例：

① 配合校訂必修的「專題研究」課，要完成至少「一份」「專題報告」，以培養「探究力」。

② 學會「影片製作」，並製作出「一部」「短片」，既可於「報導文學」課中呈現，也能陶冶「生活知能」。

回到我們自己的實際應用練習，大家可以先把必要元素圈起來：

課程：專題研究、報導文學。

能力提升：探究力、生活知能、影片製作。

量化結果：一份、一部。

接著，將這些字詞挖空，試著填入你自己的資料訊息，應該就可以完成很初步的規劃。提醒大家，凡事起頭難，有了開始，上軌道的可能性就變高了哦！

用 Google 簡報搭鷹架

大家也可以利用 Google 簡報跟同學一起來搭鷹架，做法是先將這些範例放在簡報中，並且開啟簡報的註釋功能。

開啟註釋的做法如下，先開啟一份 Google 簡報，輸入內容後點選「共用」按鈕調整權限。

點選「變更任何知道這個連結者的使用者權限」來變更預設權限。

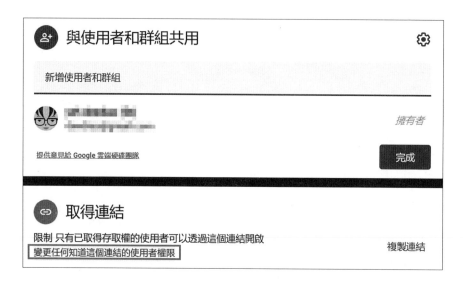

使用者改成「知道連結的使用者」，權限改成「加註者」，再點選「完成」。這樣設定完後，任何知道這個連結的網際網路使用者都能加註。

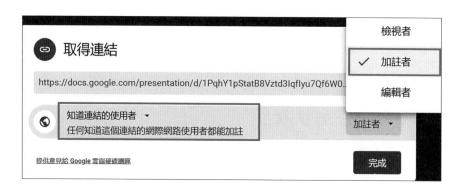

接著點選「複製連結」將連結傳送給師長或同學，接受大家的幫忙指教，協助搭建鷹架。

學生只要在簡報頁面按下滑鼠右鍵，就會出現「註解」選項，這時就可以輸入註解。

所有人的註解都會出現在同一畫面，希望大家彼此間能參考，降低焦慮感，甚至產生「原來只要這樣子就可以喔？這樣我也會！」的感覺。也有機會發現其他同學也做類似的主題，或許就藉此找到了夥伴。至於如果擔心會彼此抄襲，不要擔心，就算題目相同，大家最後寫出來的東西也不會一樣的。

自己當然也可以編輯自己的內容，按下自己帳號名稱旁的「三個直列點」的圖示就可以囉！

至於前面提過的計畫動機呢？既然目標都寫出來了，動機也就不會太難了。例如，學 Python 就是想要試著自己寫出一些程式來學習 AI，對吧？更「目的」性質一點的動機，可以寫說想試探自己是不是塊念資工的料。大家會發現，從後面推導和從前端進入比較起來，後面推導真的會容易許多。

　　更進一步，我們會希望能看到精準的時間進度，能確切知道給予自己最適切的安排，也要能做到適切的檢視自己的時間規劃，不要過於天馬行空，畢竟每個人可用的資源和時間，都是有限且無法無窮盡的使用。

進階版：
六大重點，完備學習計畫

　　我在目前已在執行的高中自主學習計畫申請書中，發現台中女中的規劃格式，在時間的控管上十分完整，因此接下來，我就借用該校的格式來進一步提供規劃建議，同時一併導入了 K（知識）S（技能）A（態度）的項目，讓同學在思考計畫前，能夠更全面的檢視。

　　首先，我將自主學習計畫的撰寫，分成六大重點：

一、主題規劃

二、知識、技能、資源、範圍

三、進行方式與說明

四、進度的時間規劃

五、成果與發表

六、自主檢核

以下我們來逐一說明。（完整範例詳見附錄）

重點一、主題規劃

可以用前面提過的撰寫方法：有了主題後，先抓目標，再來思考動機。主題怎麼抓呢？建議可以從前面一直在找的關鍵字衍生出來，透過大量閱讀找出一些議題。至於學習目標，記得要很具體、簡短的說明這個自主學習最終的模樣，這樣做才能跟目前的狀況做比對，清楚知道必須做些什麼才能完成目標，也才能評估要花費的時間，或是可以直接以線上課程學習，當作自主學習計畫的主題 (案例 2)。

案例 1

學習主題。	Raspberry pi 的家庭安全系統設計。
學習動機。	1. 看到小米有網路家庭套件，也想自己打造一下。 2. 對 raspberry pi 的可能性很好奇。
學習目標。 （what 條列式）	1. 了解 raspberry pi 在物聯網應用的做法。 2. 實際透過 raspberry pi 打造家庭安全系統。

案例 2

學習主題。	行銷典範轉移: 變動中的消費世界 (Marketing in a changing world)。
學習動機。	1. 想甄試台大國企系，透過選修課程探索自己學術性向。。 2. 對於行銷很有興趣，想了解行銷相關知識及可行作法。。
學習目標。 （what條列式）	1. 透過Coursera 課程，學習行銷專業知識。 2. 完成課程取得線上課程修課認證，獲得專業知識也增加自己甄試時的優勢。 3. 透過學習課程了解要學好行銷需要那些其它的相關知識。

重點二、知識、技能、資源、範圍

我經常聽到學校師長說學生寫的計畫天馬行空，不切實際，到底什麼計畫內容，能夠符合師長的期待呢？於是我幫大家設定一個可以參考的框架，重點是可以讓你思考，完成一個計畫會出現哪些限制。

這些檢視項可以依據實際需求調整，也提供師長在檢視時，幫助確認學生在準備上的完成度。

例如，在「知識」方面，從你現在的狀態到完成你的所學，你需要先理解什麼？在「技能」方面，又該有哪些技能（大家可以想想打怪練功）？還有「資源」上，需要哪些幫助？費用大約要多少？最後，確定「範圍」也是很重要的事情，依據自己的資源、能力與時間來思考範圍的大小，避免計畫太大做不完。這些都可以簡單評估一下。當然最後做出來，或許有所差異，但是我覺得以高中生來講，可以做到這些思考已經算是非常厲害了。

達成學習目標所需知識、技能、資源與範圍。	知識 (I know)	1. raspberry pi 相關知識。 2. 物聯網系統建置知識。 3. 網路相關知識。 4. 資訊安全相關知識。	
	技能 (I can)	1. 建置家中無線網路。 2. 在 raspberry pi 裡面建置物聯網系統。 3. 設定網路連結與資訊安全管理事項。	
	資源	1. raspberry pi 主機。 2. 無線網路環境。 3. 物聯網套件。 4. 相關學習與討論資源。	費用 主機、變壓器與電源線、記憶卡、訊號線、物聯網套件約 4,000 元。
	範圍	1. raspberry pi 在 安全系統的應用。	

重點三、進行方式與說明

　　撰寫「進行方式」可以協助大家，將自主學習該進行的順序，作更完整的規劃，這對後續時間安排非常重要。而「內容說明」則是將進行的步驟切割的更細緻，並且更具體的確認後續要排入時程表的內容，可以說，這一塊如果沒有想好，後面的時間安排，應該也只會落入把時間補滿就好的狀況。

　　不過由於大家都是初學者，所以一開始時不用過於苛求，可以被允許在後續慢慢的調整計畫；只要大架構不變，我覺得細部內容做些更動，應該也算是合情合理。大學生跟碩班學生如果沒有受過相關訓練，研究計畫經常更改也是非常普遍的事情。

自主學習 進行方式	1.　資料查找:找尋相關技術資料及學習資源。 2.　資源就位:確認自主學習資源是否足夠。 3.　實作。 4.　成果整理:撰寫心得，建置成果網站。
內容說明 （how）	1.　閱讀 raspberry pi 官網文獻。 2.　觀看 raspberry pi 相關書籍建立有系統的知識。 3.　透過網路訂閱 raspberry pi 新聞快訊，了解 raspberry pi 最新應用動態。 4.　尋找相關網路課程。 5.　提出自主學習資源清單。

重點四、進度的時間規劃

寫到這裡，就可以依據每週的時間表來規劃進度；一開始不必寫得很詳細，後續愈來愈清楚自己的進度後，再調整裡面相關的內容即可。至於「備註」，加入「地點」的選填，是因為有時候你會發現課程未必都在同一個場地進行，所以，註明地點能讓師長比較清楚你所在的位置。而且在思考過程中，最好可以對應學校行事曆，如果是修線上課程，也可以對應線上課程的時間表。

進度規劃		
週次	內容	備註 (所需資源、地點(選填))
1	建置部落格	選用網路服務，測試行動裝置閱讀的方便性
2	蒐集、閱讀技術資料 確認資源需求及購置相關設備	電腦、耳麥、網路、筆記工具（keep、google 文件）硬體設備、網路環境、技術社群諮詢
3		
4		
5		
6		
7		
8	建置 raspberry pi 系統	技術文件 raspberry pi 無線網路 各種配件
9		
10		

重點五、成果與發表

　　這樣的計畫格式，能幫助大家更深入了解自己正在研究的主題，也希望大家最後能夠「以教為學」的呈現自己的學習成果。未必一定是非常正式的呈現，重點是希望大家在自主學習結束後，可以留下一些東西。例如，Raspberry pi 的這個範例，因為這是一個類似研究的計畫，所以用部落格詳細記下每週的發現與想法，是個非常好的做法。

　　當然，呈現的方式不是只有一種，要做動態、靜態或其他都可以，只要能夠說明你做了什麼，或是留下你跟你自己對話、省思的紀錄，都是很好的。甚至是使用我們前面提過的康乃爾筆記法，每週寫下一張 A4 的心得，問一個想問的問題也都很好。

　　也鼓勵大家除了既有的小論文格式外，還可以思考用海報論文的方式呈現，因為它很符合我所希望學生建立起的「帶得走的能力」；一個海報論文，其實隱藏著許多重要的能力，例如：

　　◎ 摘要整理的能力：因為版面有限，怎麼在小小版面裡，呈現有秩序的學習內容，是個很有趣的挑戰。
　　◎ 圖說的能力：透過圖表，生動的呈現內容。
　　◎ 口說的能力：需要為來參觀的人提供清楚說明。

預期成果	部落格
成果發表形式	☐靜態展　　☐動態展　　☑其他_網頁展示_____

重點六、自主檢核

　　我會建議大家將所有的學習內容切成幾個小部分，可以每三週切成一個小部分，也可以依據自己的學習單元切成小部分。每個小部分都設置檢核點，當進度一旦跟不上時，可以立即修改調整，不用等到進度落後很多，才拚命追趕；畢竟大家也有學校的課業要處理，如果超越負荷，很容易叫人放棄。另外一方面，也提供師長檢核學生學習的指標，能進一步給予大家適當的諮詢與輔導。

第一階段自主檢核			
次數	日期 （月/日）	預計進度	實際執行與學習心得
1		建置紀錄用部落格，記錄相關學習資源&軟硬體需求。	選用 google blogger，因為在手機上讀也很順暢，版面不會跑掉。
2		完成技術文件蒐集與購置完整實驗套件並記錄相關細節。	
3		實作一–建置 raspberry pi 系統並記錄。	

用 OCW 或 MOOC 課程自主學習

在上面的例子裡，如果你是使用 OCW 或是 MOOC 作為自主學習內容，那麼這個計畫應該更容易寫。你要處理的「主題」基本上就是課程名稱，「目標」在課程計畫裡也會有，「動機」就寫你為何要修這門課。至於時間的安排，也可以參考課程預計的進度，直接排入你的時間表中；成果與發表的呈現方式，我認為最好要有康乃爾筆記，搭配你在課程中所寫的作業、討論，都可以列入。

如果是 MOOC，修完課後如果覺得可以作為你的學習成果，或許也可以付費買修完課程的證明。OCW 的話，筆記會是一個比較完整的學習歷程，而且一份好的筆記，如果問題問得很具體，會感覺得出來你的認真程度，以及持續學習的企圖，這對於後續準備相關科系的甄試計畫，也會有一定的幫助。不過，再次提醒，修線上課程未必比自己做專題研究來得輕鬆，特別是結構比較嚴謹的 MOOC，統統都有需要進行討論與撰寫作業，壓力也不小，所以選擇時還是要先多評估喔！

CHAPTER

6

管理你的進度

控管時間與範疇，
自主學習管理神器 Trello

自主學習任務

任務一：思考在專案管理工具裡要放入哪些內容？要管理哪些事務？

任務二：實際操作專案管理工具 Trello。

● 自主學習 也要專案管理

　　高中生的自主學習，需要用到專案管理工具來管理嗎？我的答案是「需要」，我們說過，自主學習會有各種資源的限制，例如：時間、學習資源、人力資源等，如何善用專案工具掌握有限資源、任務狀態，是自主學習者也需必備的能力之一。

　　不過，用到的不會是艱深的專案管理知識，而是透過簡單的工具，希望大家能夠藉此一窺整個自主學習計畫的全貌，並依據終點目標、起點狀態，善加規劃各項任務的內容、時間的安排，且在執行過程中，隨時清楚各項任務進行狀況，朝當初規劃的目標前進。

　　以自主學習的性質來說，理想的專案管理工具，只需要能夠執行以下 6 大功能：

　　◎ 設定任務

　　◎ 切割任務成待辦事項

　　◎ 分類任務

　　◎ 設定任務時間

　　◎ 理解任務狀態，例如：待完成、進行中、已完成

　　◎ 儲存必要檔案

另外，很重要的一點是必須支援手機，因為手機是多數人最容易取得的工具，有時候需要動態調整與檢核，所以最好能夠在手機上操作。而遇到大量的修改與排定可以透過電腦處理，再將電腦與手機同步，這樣比較符合一般人的行動工作習慣，大家也可以學習到跟日後學習、工作都可以接軌的專案管理能力。

因此，我滿推薦 Trello 這個輕量級的專案管理工具，雖然簡單卻深受新創企業及專業人士喜愛，也能滿足前面提出 6 大功能，特別是使用手機時，便利性與訊息讀取，都規劃得十分理想，即便是以手機為主要操作環境，效率也不會因此降低。

在開始導入專案前，我必須事先提醒大家，Trello 只是一個工具，在開始使用前，你還是必須思考「在這個工具裡要放入哪些內容」、「要管理哪些事務」，如果無法掌握這些基礎項目的話，就算有好工具，也很難有效把專案管理好。

一般來說，專案會有三大限制：「成本」、「時間」、「範疇」，不過以我們目前的自主學習專案來講，可以聚焦在「時間」與「範疇」就好，當然如果你希望加入成本來考量，也可以幫你的自主學習任務列個預算 (例如材料費或是申請認證的費用)，將預算管控在你設定的範圍內，這樣你的專案就更完整些。

時間管理

先來說說「時間」的管理，有期限、要限時完成的任務都算在內，所以會包含自主學習從一開始到最終完成預計需要的時間（例如作品製作時間、線上課程建議修課時間），精細一點的算法，要思考你真正可以用的時間，例如，你每天可以撥出 1 小時來做自主學習，除了週六、日無法，因為你要參加其他活動。這樣你每週可用的時間就是 5 小時，如果你有 20 週的時間，可以完成這個自主學習，那麼你可用的時間就是 100 小時。

不過我會建議留一點餘裕會比較好，把時間設定得很滿，有時候會給自己有滿大的壓力，而且萬一有任務無法按進度執行，調整上也會很吃力，因此建議你打個 8 折，讓自己有一些空間，也就是說，如果你認為有 100 小時可以用，實際上只要用 80 個小時下去分配就好。

能夠花費的總時間會比較好抓一點，但任務時間的分配，通常需要你將所有任務列出來再來分配。而 Trello 即很適合用來思考任務需求，因為有很多人把它應用當作腦力激盪的便利貼牆，透過不假思索的直覺判斷，加上事後整理，就可以完成大部分待辦任務的規劃。

以下方案例來看，專案管理人員設立了一個看板（專案），裡面設置一些列表（分類），每個分類裡可以放入卡片（任務），在卡片裡還可以透過「待辦清單」，將任務劃分的更細微，可以更細膩的掌握任務的全貌。而且卡片可以隨時移動到不同的列表（分類），就很像腦力激盪便利貼牆的應用，十分方便有彈性。

　　因為大家比較沒有經驗，有時候會很難抓出一個任務，究竟需要多少時間去完成，所以我們可以透過詳列待辦事項來估計時間。Trello 提供待辦清單的功能，讓我們可以輸入需要完成的事項，更棒的是可以設定多個，因此也可以簡單分類一下。當我們可以將待辦事項具體列出來，我們就可以比較清楚的抓出需要花費的時間。

設定專案範圍

理想的狀態下，學習應該持續不斷的進行，但自主學習必須在規定時間內有適當的產出，所以我們必須設下截止時間，並且在截止時間之前，提出我們的階段性學習成果，例如，出版品、影片、心得、筆記等各種型態的產出，這些用來檢驗自己所學的成果，就是我們在這個專案內的「範圍」。

具體一點來說明，我認為可以分成兩種方式，來定義自主學習的範圍。一種是完全自主學習的方式，透過大量閱讀找到主題，並逐步完成主題的研究。另外一種就是在與老師討論過後，透過線上課程學習大學課程，並且完成課程要求的學習方式。

這兩種方式中，第二種會比較簡單一點，因為線上課程幾乎都有安排進度，只要思考自己的時間規劃，配合課程進度，並且與老師商討完成課程時需要產出的內容，就能夠非常清晰的規劃出自己的學習專案所需要處理的工作範圍。

第一種方式就比較麻煩些，需要在確認自己的主題後，依序完成搜尋、整理資料，最後再做出自己預期的產出形式，才算是完成範圍內的工作。所以我會建議要撰寫自主學習計畫時，可以使用 Trello 與自主學習計畫的時間表互相比對，確保每個設定要完成的工作都有被概括進去，這樣才可以在限定的專案範圍內建立比較詳細、具體的時間表。

專案管理工具
Trello 實作

　　了解「時間」與「範圍」的規劃思考後，我們就可以開始使用
Trello，來規劃及管理我們的自主學習專案。

　　我會建議使用 Google 的帳號來登入，
一方面是單一帳號就可以管理常用的服務，
另外一方面，是可以利用 Google 的雲端硬
碟，儲存必要檔案。使用 Google 帳號登入
Trello，要先登入 Google 帳號。以下為求說
明上的簡便和一致性，統一使用 Chrome 瀏
覽器介面來說明。

接著到 Trello 網站 https://trello.com/#，點選登入。

在登入畫面中，選取用 Google 登入的圖示。選擇你要使用的 Google
帳號。

建立 Trello 專案

　　順利登入 Trello 後會有一個簡單的示範課程，可以跟著引導精靈做做看，完成第一個用 Trello 規劃的小方案。我們可以先將看板命名成「自主學習」，右邊的畫面為預覽圖，可以看到左上角看板名稱也跟著更改了。

　　我們可以把看板當作是一項專案，在專案內我們需要控管各種事務的進行狀態，所以我就先設定三種事務進行的狀態，分別為「待辦事項」、「正在進行」及「完成」。

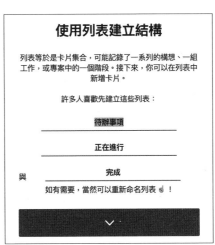

設計好任務的狀態後，我們就可以來加入卡片（任務），在這個階段其實不用太考慮任務的順序，只要很直覺的將想到的任務記錄下來就可以。所以我在「待辦事項」這個列表中填上了「制訂自主學習計畫」、「尋找有興趣的書籍與雜誌」，還有「在 TED 中找有趣的分類」這些任務。你會發現順序可能不太對，不過因為我們後面還會調整，所以沒有關係。

如果覺得任務內容比較多，我們可以在任務卡片內加入待辦清單，將大任務切割成許多小的工作任務，這樣也可以降低因為任務太大不知如何動手的壓力。

接著請點選「相信你已經上手了，繼續建立需要的看板吧！」

點選後會出現以下的畫面。做到這裡，我們已經完成一個簡單的專案了。如果你要看全部的專案及狀態，可以點選右上方的 Trello 圖示，就可以回到首頁。

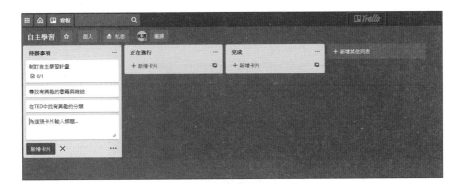

將任務分類

　　剛剛我們提過，一開始時可以將想到的內容，非常直覺的輸入 Trello 內，事後再調整就好。而且因為我們是透過任務狀態來設定分類，因此在我們移動任務來分類的同時，也同時處理好了任務狀態的設置。如果之後任務的狀態有任何變動，也可以隨時將卡片移動到任何列表去。

　　舉例來說，假設你已經可以開始進行「尋找有興趣的書籍與雜誌」這項任務，我們就可以按住滑鼠左鍵將這張卡片從「待辦事項」拖曳到「正在進行」列表中，更新各項任務的狀態。

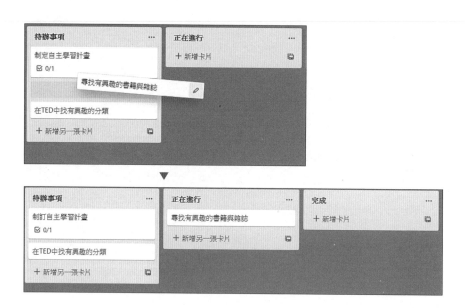

設定任務時間

　　一開始的時候，我們已經在「制訂自主學習計畫」這個任務內設定了一個待辦清單，並且加入了一個工作項目，所以會在任務卡片上看到一個「0/1」，這表示目前在這個任務裡，你有 1 個項目需要完成，目前完成 0 個。

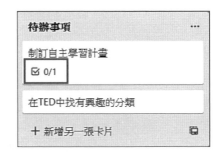

　　進入任務卡片後，我們可以看到目前的待辦清單與工作項目，還有完成比例（0％）

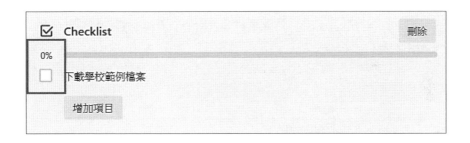

　　完成工作項目後，可以點選工作項目名稱的核取欄位確認，如果這個待辦清單內的工作項目全部完成，完成比例就會變成 100％。

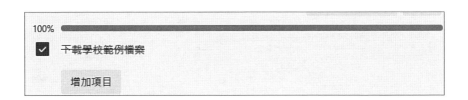

任務卡片也會呈現綠色的 1/1，表示待辦事項已經全部完成。如果一個待辦清單不夠用，需要另外一個待辦清單時該怎麼辦呢？沒問題，加入一個待辦清單就好了，請點選畫面右邊的「待辦清單」選項。

　　輸入新的待辦清單名稱後按下新增，例如，設定一個「跟老師討論」的待辦清單。

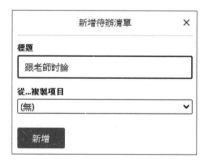

再點選「增加項目」，輸入新的工作項目名稱後，點選「新增」。

跟老師討論　　　　　　　　　　　　　　　　　刪除

0%

增加項目

▼

跟老師討論　　　　　　　　　　　　　　　　　刪除

0%

初稿完成後跟老師討論

新增　✕　　　　　　　　　　指派　到期日　@　☺

如果我們需要幫這項任務加上到期日呢？也很簡單，請點選「到期日」按鈕。

點選到期日後，設定提醒，最後再儲存，就可以完成了。

回到「自主學習」的看板，就可以看到在「制訂自主學習計畫」的卡片中，出現了到期日及工作項目的完成狀態。

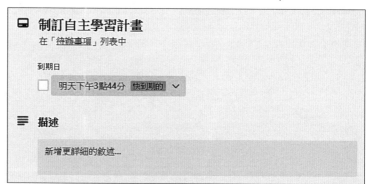

儲存必要檔案

　　該如何將有需要處理的檔案，夾入任務卡片呢？先點選「附件」按鈕。選擇要從哪裡取得檔案，因為我自己常用 Google Drive（Google 雲端硬碟），因為它空間夠大、容易搜索且支援手機應用，所以我會用這個雲端空間來放置我的檔案。

選擇完雲端空間後，第一次啟用需要認證，請選擇自己現在用的 Google 帳號來啟用。允許 Trello 讀取你的資料，看過權限沒問題後，請點選「允許」。

進入選擇檔案「Select a file」的選項，可以用搜尋找到檔案，也可以直接點選檔案後，再點選「Select」按鈕來選取。

如果是線上檔案格式，如：Google 簡報、文件、試算表，則可以直接點選連結開啟，不用擔心版本問題喔！

用範例快速建立自己的看板

另外，Trello 的官方說明頁 (https://reurl.cc/0oAjEl) 可以看到一些範例，我也建議可以多看別人用 Trello 做了些什麼，也跟著做做看，讓自己使用 Trello 的功力快速成長。

在專案管理上，可以參考 PBL(Project Based Learning) 和 PM(Project Management) 的範例，例如以下 PBL 的示範 (https://trello.com/b/suSC9geN/project-based-learning)，可以讓你直接複製後製作。PM 則另可參考 https://trello.com/b/1x4Uql2u/project-management。

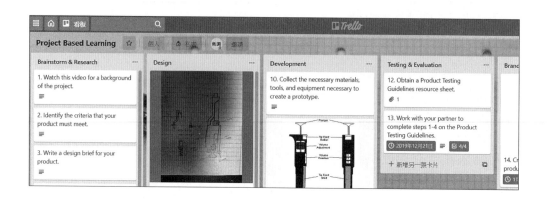

只需要按下「從範本建立看板」的按鈕，再點選「新建」。馬上就可以協助你快速建立 、各式參考任務 、待辦清單、工作項目等事項，對一個新手來說，可以說是最棒的學習鷹架。

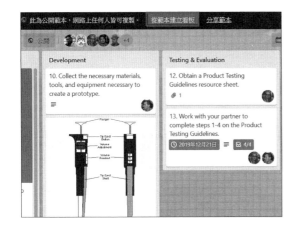

Learn more 隨堂挑戰

　　透過 Trello 的官方說明頁 (https://reurl.cc/0oAjEl) 可以更深入學習 Trello，學習更完整的應用內容，大家不妨試試。

　　在 Trello 的範例網頁 https://trello.com/templates 裡，找到目前很夯的 OKR 範例，用它來規劃你的工作進度，呈現結果時會讓人眼睛為之一亮喔！

案例 1：以申請資訊學群為例

○○學校
學生自主學習計畫
申請書

學年度

申請人		班級／學號	年　　班　學號＿＿＿＿＿＿
申請日期			年　　　　月　　　　日

請家長檢閱過自主學習計畫申請書內容後於下方簽名

家長簽名：＿＿＿＿＿＿＿＿＿＿＿　　日期：＿＿＿＿＿＿＿＿＿＿＿

一、計畫主題

學習主題	Raspberry pi 的家庭安全系統設計			
學習動機	◎ 看到小米有網路家庭套件，也想自己打造一下 ◎ 對 raspberry pi 的可能性很好奇			
學習目標 （what 條列式）	◎ 了解 raspberry pi 在物聯網應用的做法 ◎ 實際透過 raspberry pi 打造家庭安全系統			
達成學習目標 所需知識、技能、 資源與範圍	知識 （I know）	◎ raspberry pi 相關知識 ◎ 物聯網系統建置知識 ◎ 網路相關知識 ◎ 資訊安全相關知識		
	技能 （I can）	◎ 建置家中無線網路 ◎ 在 raspberry pi 裡面建置物聯網系統 ◎ 設定網路連結與資訊安全管理事項		
	資源	◎ raspberry pi 主機 ◎ 無線網路環境 ◎ 物聯網套件 ◎ 相關學習與討論資源	費用	主機、變壓器與電源線、記憶卡、訊號線、物聯網套件 約 4,000 元
	範圍	raspberry pi 在安全系統的應用		
自主學習 進行方式	**資料查找**：找尋相關技術資料及學習資源 **資源就位**：確認自主學習資源是否足夠 **實作** **成果整理**：撰寫心得，建置成果網站			
內容說明 （how）	◎ 閱讀 raspberry pi 官網文獻 ◎ 觀看 raspberry pi 相關書籍建立有系統的知識 ◎ 透過網路訂閱 raspberry pi 新聞快訊，了解 raspberry pi 最新應用動態 ◎ 尋找相關網路課程 ◎ 提出自主學習資源清單 ◎ 詢問學校資源是否能協助購置相關設備（如果不行？改計畫或另外找資源） ◎ 觀看物聯網系統建置頁面 ◎ 參與 raspberry pi 社團、討論群組 ◎ 實作，發現問題時與網路社群成員討論 ◎ 設置聯網資訊安全管理機制 ◎ 撰寫筆記、用部落格記錄，以便提供給其他有興趣的人			

二、進度規劃

週次	內容	備註（選填，例如：所需資源、地點）
1	建置部落格	選用網路服務，測試行動裝置閱讀的方便性
2		
3		
4	蒐集、閱讀技術資料 確認資源需求及購置相關設備	電腦、耳麥、網路、筆記工具（keep、google 文件）硬體設備、網路環境、技術社群諮詢
5		
6		
7		
8	建置 raspberry pi 系統	技術文件 raspberry pi 無線網路 各種配件
9		
10		
11	建置 raspberry pi 配合的物聯網系統	技術文件、使用者社群
12		
13	了解物聯網相關標準，購置符合規定的物聯網套件	物聯網套件購置網站、經費、測試套件是否相容（不相容可否退貨）
14		
15		
16	整理建置報告	網路空間
17		
18		

三、成果及展示

預期成果	部落格	
成果發表形式	☐ 靜態展　☐ 動態展　☐ 其他 _____	☐ 網頁展示 _____

四、執行進度自主檢核

第一階段

次數	日期（月／日）	預計進度	實際執行與學習心得
1		建置紀錄用部落格，記錄相關學習資源 & 軟硬體需求	選用 google blogger，因為在手機上讀也很順暢，版面不會跑掉
2		完成技術文件蒐集與購置完整實驗套件並記錄相關細節	
3		**實作一**：建置 raspberry pi 系統並記錄	
4		**實作二**：建置 raspberry pi 配合的物聯網系統並記錄	
5		**實作三**：購置相容物聯網套件，並測試與既有系統連結程度	
6		整理部落格，呈現最終報告	

指導教師意見與簽名

案例 2：以申請管理／財經學群為例

○○學校
學生自主學習計畫
申請書

學年度

申請人		班級 / 學號	年　　班　學號＿＿＿＿＿＿
申請日期			年　　　　月　　　　日

請家長檢閱過自主學習計畫申請書內容後於下方簽名

家長簽名：＿＿＿＿＿＿＿＿＿＿＿　　日期：＿＿＿＿＿＿＿＿＿＿＿

一、計畫主題

學習主題	行銷典範轉移：變動中的消費世界（Marketing in a changing world）			
學習動機	◎ 想甄試台大國企系，透過選修課程探索自己學術性向 ◎ 對於行銷很有興趣，想了解行銷相關知識及可行做法			
學習目標 **（what 條列式）**	◎ 透過 Coursera 課程，學習行銷專業知識 ◎ 完成課程，取得線上課程修課認證，獲得專業知識也增加自己甄試時的優勢 ◎ 透過學習課程了解：要學好行銷需要哪些其他的相關知識			
達成學習目標 **所需知識、技能、** **資源與範圍**	**知識** **（I know）**	◎ 財經專業知識 ◎ 行銷相關知識 ◎ 網路學習資源知識		
	技能 **（I can）**	◎ 使用 Coursera 　• 桌機 　• App（等公車時用聽的，善用零碎時間） ◎ 康乃爾筆記法撰寫方式		
	資源	◎ 無線網路 ◎ 學習載具 ◎ google 帳號 ◎ 網路空間（放相關資料）	**費用**	申請證書 1500-2000 元
	範圍	Coursera 課程		
自主學習 **進行方式**	**資料查找**：找尋相關學習資源 **資源就位**：確認自主學習資源是否足夠 **學習及筆記紀錄** **成果整理**：撰寫心得，通過課程認證			
內容說明 **（how）**	◎ 閱讀課程說明 ◎ 做好課前準備 ◎ 安排學習時間分配 ◎ 每完成一個單元就寫一份筆記 ◎ 參與課程討論 ◎ 整理成果			

二、進度規劃

週次	內容	備註（選填，例如 ：所需資源、地點）
1	閱讀課程説明、做好課前準備、安排時間分配	需要的話要購買參考書
2	行銷本質與典範移轉	康乃爾筆記 -1
3		
4	學校行事	
5		
6	行銷策略	康乃爾筆記 -2
7		
8		
9	品牌價	康乃爾筆記 -3
10		
11		
12		
13		
14	顧客關係管理	康乃爾筆記 -4
15		
16		
17	整理相關成果	◎ 整理康乃爾筆記 ◎ 設計筆記封面及目錄 ◎ 截圖 ── 線上課程討論 ◎ 通過課程後申請證書
18		

三、成果及展示

預期成果	◎ 4 份康乃爾筆記及筆記合訂本 ◎ 課程通過認證
成果發表形式	□ 靜態展　□ 動態展　□ 其他 ＿＿＿＿＿＿＿　　□ 網頁展示 ＿＿＿＿＿＿＿

四、執行進度自主檢核

第一階段

次數	日期（月／日）	預計進度	實際執行與學習心得
1	1-3 週	完成康乃爾筆記 -1，並且完成單元內老師指定作業與互動	
2	6-8 週	完成康乃爾筆記 -2，並且完成單元內老師指定作業與互動	
3	9-13 週	完成康乃爾筆記 -3，並且完成單元內老師指定作業與互動	
4	14-16 週	完成康乃爾筆記 -4，並且完成單元內老師指定作業與互動	
5	17～	◎ 彙整康乃爾筆記 ◎ 利用 Canva 做封面及目錄設計 ◎ 申請證書	

指導教師意見與簽名

自主學習
成就解鎖

帶 你 找 到 最 想 學
打造獨有學習歷程

作　　者｜葉士昇　　　　　　　　天下雜誌群創辦人｜殷允芃
責任編輯｜蔡川惠、陳珮雯　　　　董事長兼執行長｜何琦瑜
校　　對｜魏秋綢　　　　　　　　媒體產品事業群
排　　版｜雷雅婷　　　　　　　　總經理｜游玉雪
封面、版型設計｜Ancy Pi　　　　總監｜李佩芬
行銷企劃｜林靈姝　　　　　　　　版權主任｜何晨瑋、黃微真

出版者｜親子天下股份有限公司
地址｜台北市 104 建國北路一段 96 號 4 樓
電話｜（02）2509-2800 傳真｜（02）2509-2462
網址｜ www.parenting.com.tw
讀者服務專線｜（02）2662-0332 週一～週五：09:00~17:30
讀者服務傳真｜（02）2662-6048
客服信箱｜ parenting@cw.com.tw
法律顧問｜台英國際商務法律事務所 羅明通律師
製版印刷｜中原造像股份有限公司
總經銷｜大和圖書有限公司 電話：（02）8990-2588
出版日期｜ 2020 年 10 月第一版第一次印行
　　　　　 2022 年 11 月第一版第五次印行
定價｜ 380 元
書號｜ BKELS002P
ISBN ｜ 978-957-503-683-6

訂購服務
親子天下 Shopping ｜ shopping.parenting.com.tw
海外‧大量訂購｜ parenting@cw.com.tw
書香花園｜台北市建國北路二段 6 巷 11 號 電話（02）2506-1635
劃撥帳號｜ 50331356 親子天下股份有限公司

立即購買 >

國家圖書館出版品預行編目（CIP）資料

自主學習成就解鎖：帶你找到最想學、打造
獨有學習歷程 / 葉士昇作 . -- 第一版 . -- 臺北
市：親子天下 , 2020.10
240 面；17X23 公分 . --（定位點；2）
ISBN 978-957-503-683-6（平裝）

1. 自主學習　2. 中等教育

524.3　　　　　　　　　　　109014497